Musik und ihre Meister

OB Boise

Writat

Diese Ausgabe erschien im Jahr 2024

ISBN: 9789359942667

Herausgegeben von
Writat
E-Mail: info@writat.com

Inhalt

KAPITEL I
DIE NATUR UND URSPRUNG DER MUSIK

Ein Blick zurück auf die Entwicklung der Musik genügt, um zu zeigen, dass sie dem Historiker bis in die jüngste Vergangenheit keine aussagekräftigen Daten liefert. Die erste Ära der Entwicklung der Musik begann vor dem Aufkommen des historischen Menschen, denn die frühesten Rassen, von denen wir etwas wissen, hatten eine klare Wertschätzung ihrer Bedeutung, aber es gibt keine nennenswerten Meilensteine, bis die Musik mit der modernen Kultur in Berührung kam; tatsächlich sind keine großen Fortschritte bis nach der Erfindung der Notation erkennbar. Die ersten Aufzeichnungen von Melodien sollen im vierten Jahrhundert n. CHR . entstanden sein , nämlich drei griechische Hymnen an Apollo, Nemesis und Kalliope, deren Echtheit jedoch kaum bewiesen werden kann. Von dieser finsteren Periode bis zum Aufkommen der Harmonien fast tausend Jahre später findet der Historiker kein fruchtbares Material, keine nachgewiesenen Errungenschaften.

Der Verlauf materieller Ereignisse wurde ausführlich aufgezeichnet, aber Melodien wurden von Mund zu Mund und von Ohr zu Ohr weitergegeben und veränderten dabei notwendigerweise ihre Umrisse, denn die Linie, die Erinnerung und Ausdruck verbindet, scheint bei den meisten Menschen so nahe daran zu verlaufen Dies führt von der Vorstellung zum Ausdruck und führt zu Ungenauigkeiten in der Übertragung. (Dieser linienübergreifende Einfluss ist in den Produktionen der meisten Komponisten erkennbar. Erinnerungen verstricken sich in ihren Fantasien.) Obwohl unsere moderne Melodie zweifellos über lange Traditionslinien zu uns gelangt ist und den vorherrschenden Einflüssen jeder aufeinanderfolgenden Übertragungsstufe nachgegeben hat , es gibt kein statistisches Licht auf seine Entwicklungslinie.

Es wäre interessant zu wissen, in welcher Form sich die erste musikalische Intuition manifestierte, und dann eine ununterbrochene Kette von Ursache und Wirkung von dieser ersten Manifestation bis heute zu verfolgen, aber dieses Wissen würde der Musik, die die einzige Kunst ist, deren Karriere es gibt, keinen wesentlichen Nutzen bringen folgt keinen klar definierten Zyklen – den Merkmalen von Perioden, die sich mit der Wiederholung von Bedingungen reproduzieren.

In der Bildhauerei, Poesie und Architektur gibt es Zeiten der Rückbesinnung auf die Antike, und zwar mit guten Ergebnissen. Diese Künste befassten sich mit greifbarem Material, konnten für Auge und Geist präsent gehalten werden und entwickelten sich daher schnell. Wir kehren zu ihren alten Formen zurück, die in ihrer Konformität mit der natürlichen Anpassung so erholsam sind, um uns vom unermüdlichen Einfallsreichtum moderner Produzenten zu erholen und Grundlagen für neue Flüge zu finden.

Musik ist jedoch im Wesentlichen so immateriell, dass es Ewigkeiten brauchte, um genügend ihrer zugrunde liegenden Prinzipien zu entdecken, um die Grundlage für eine Kunst zu bilden. Nichts in unserem Wissen hat sich so langsam weiterentwickelt, und doch hat nichts eine so unerschütterliche Tendenz nach vorne und oben gezeigt. Diese Eigenschaften und ihr heimtückischer Einfluss auf die Natur des Menschen berechtigen dazu, sie als göttliche Kunst zu bezeichnen. Es entwickelt sich ausgehend von seinem ursprünglichen Ursprung weiter, aber die Umrisse seiner frühen technischen Formen haben für den Komponisten des 19. Jahrhunderts keine Bedeutung.

Aus den oben genannten Gründen werden Statistiken vermieden, wenn sie nicht unbedingt erforderlich sind, um Bedingungen zu lokalisieren und zu bestätigen. Einige Zeiträume waren zu einflussreich für die Erweiterung und Definition des musikalischen Ausdrucks, als dass sie ignoriert werden könnten. Ich werde versuchen, meine Theorien über den Ursprung und die Entwicklung der Musik mit ihren innewohnenden Eigenschaften sowie mit der hinterlistigen und veränderlichen Natur des Menschen in Einklang zu bringen. Je großartiger die Musik, desto direkter spricht sie unsere Vorstellungskraft an und desto stärker wirkt sie auf unsere Emotionen. Jede an sich großartige Komposition hat ihre charakteristische Stimmung oder ihr Temperament, das den sequentiellen Ausdruck und die Aufrechterhaltung einer Emotion darstellt. Diese Stimmung wird zuerst durch die ausgewählten Themen angekündigt, und dann werden ihre verschiedenen Phasen und die für einen anhaltenden Ausdruck wesentliche kumulative Intensität durch die logische Verarbeitung dieser Themen sichergestellt.

Ich würde Musik in zwei Klassen einteilen: natürliche und künstliche. Die letztere Klasse ist, wie der ihr zugewiesene Name schon sagt, eine mechanische Kombination musikalischer Mittel, das Ergebnis rein intellektueller Prozesse, die durch Willenskraft und nicht durch Inspiration ausgelöst werden. Sie hat keine Daseinsberechtigung und ich werde sie ohne weiteres beiseite lassen. Ich werde meine Aufmerksamkeit der natürlichen Musik widmen, die unserer Vorstellungskraft entspringt, vom Intellekt zu einem bestimmten Zweck formuliert wird, die Sympathie anspricht und die Emotionen beeinflusst. Die Musik der barbarischen Völker ist zwar kaum über das Anfangsstadium hinaus entwickelt, entspricht aber in ihrem Charakter ihren Gewohnheiten und Empfindsamkeiten und ist bei ihnen ein ebenso mächtiges Mittel zur Stimulierung der Leidenschaften wie unsere Musik des 19. Jahrhunderts bei den Menschen dieser westlichen Zivilisation. Ihre musikalischen Übungen sind rein emotional und daher natürlich.

Natürliche Musik besteht aus zwei Arten: der ernsten und erbaulichen Musik und der rein unterhaltsamen Musik. Diese vielfältigen Wucherungen sind gleichermaßen spontan und jedes entwickelt seine Form, Substanz und Proportionen im Einklang mit dem intellektuellen Boden, der es nährt.

Die Welt verlangt, dass die Musik zu ihren unterschiedlichen Stimmungen passt. Einige der Walzer von Johann Strauss sind ebenso echte Musik wie Beethovens Symphonien, und jeder trägt auf seine Weise zum Vergnügen und Nutzen der Menschheit bei. Welcher der größere Verlust wäre, wenn er ausgelöscht würde, steht außer Frage, denn die daraus resultierende Entbehrung muss an der Vergleichszahl derjenigen gemessen werden, die den Mangel an beidem spüren würden. Die große Mehrheit des Publikums und sogar einige Musikliebhaber haben mehr Freude an der Unterhaltung als an ernsthafter (sogenannter klassischer) Musik. Das liegt zum Teil daran, dass ernsthafte Musik oft ziemlich abstrus ist und eine gezielte mentale Anstrengung erfordert, um ihre volle Bedeutung zu verstehen; Aber ein allgemeinerer Grund für diesen Zustand (besonders wenn es um Tanzmusik geht) liegt in der aufmunternden und belebenden Wirkung.

Ich halte es für reine Affektiertheit, wenn Musiker einem guten Stück Tanzmusik gegenüber Respektlosigkeit zeigen. Ein großer Prozentsatz derer, die das tun, ist nicht aufrichtig. Sie befürchten, ihre Wertschätzung der klassischen Musik zu diskreditieren, und denken fälschlicherweise, es wäre unvereinbar, beides zu mögen. Die Ideale des Künstlers sollten die gesamte Bandbreite menschlicher Gefühle umfassen, und Musik, die uns an irgendeiner Stelle dieser Grenze berührt, ist echt, sei es eine Symphonie, ein Liebeslied oder ein Walzer.

Wenn Musik die Sprache der Gefühle ist, müssen ihre Keime jene Klänge sein, durch die Freude, Trauer, Liebe, Angst, Wut, Staunen und Sehnsucht auf natürliche, spontane und oft unfreiwillige Weise zum Ausdruck kommen. Die Tatsache, dass die Bedeutung dieser Klänge, ob von Menschen, Tieren oder Vögeln erzeugt, unverkennbar ist, hat einige Autoren dazu veranlasst, der Musik die Ehre zuzuschreiben, das ursprüngliche Kommunikationsmittel zwischen Mitgliedern der Menschheitsfamilie gewesen zu sein – die ursprüngliche Sprache. Dies ist kaum folgerichtig, denn das Leben ist größtenteils unrhythmisch monoton und wird nur hier und da durch Episoden unterbrochen, die musikalische Keime hervorbringen.

Wissenschaftliche Beobachtungen haben die Tatsache nachgewiesen, dass alle höheren Arten von Lebewesen über Formen der stimmlichen Kommunikation verfügen. Wie Menschen verfügen auch Tiere über Formen der Sprache, die ihrem Grad an Intelligenz und Bedürfnissen entsprechen, aber ganz abgesehen von diesen Formen verfügen sie und der Mensch über für beide Seiten verständliche Codes des emotionalen Ausdrucks. Diese

Codes sind in weniger wesentlichen Details nicht identisch und auch nicht gleichermaßen umfassend, sondern entspringen einer gemeinsamen Quelle. Ihr Charakter variiert je nach den Qualitäten des instinktiven Gefühls, ob verfeinert oder grob , die die Geschöpfe, die sie verwenden, dominieren.

Die unterste Stufe des Tierlebens, die über einen Stimmapparat verfügt, ist nur für drei Emotionen – Wut, Sehnsucht und Angst – in einem solchen Maße empfänglich, dass sie einen Ausdruck hervorrufen. Die höheren Klassen empfinden Freude, Liebe, Trauer, Wut, Angst und Sehnsucht.

Musik hat nur dann Bedeutung, wenn sie voller Botschaften des Komponisten an den Hörer ist. Deshalb sind jene Klänge, die starke Gefühle am deutlichsten zum Ausdruck bringen, die fruchtbarsten musikalischen Keime. Vereinzelte Schreie des Triumphs, der Wut und der Freude oder Schreie des Schmerzes, der Angst und des Flehens appellieren an unsere Sensibilität, aber sie lassen nicht auf Musik schließen, obwohl ihre Entwicklungslinie aus diesen Urelementen nachvollziehbar ist. Es begann mit der ersten intellektuellen Erkenntnis der Angemessenheit des tonalen Ausdrucks, als der menschliche Geist jene Geräusche, die unwillkürlich als Ergebnis von Empfindungen erzeugt wurden, in die Kategorie der Ausdrucksmittel einordnete.

An diesem Punkt gerieten unsere Keime unter den Einfluss bewusster Absicht. Der Intellekt nahm spontane Rufe, Schreie und Stöhnen in die Hand und verlieh ihnen nach und nach Kontinuität, Lebenspulsation (Rhythmus) und *Form* ; er ließ sie Gefühle voller Emotionen ausdrücken und schuf so eine ausgesprochen bedeutsame Atmosphäre (*Stimmung*). Diese durchdringende Atmosphäre oder Stimmung, die ein wesentliches Element erfolgreicher musikalischer Anstrengung ist, darf auf keinen Fall mit den Situationen verwechselt werden, die mit der Kunst des beschreibenden (*Programms*) Komponisten einhergehen und durch sie entstehen. Die erste ist persönlich, eine Herzensstimmung; die zweite ist unpersönlich, ein Gedankenbild.

Seit diesem ersten Schritt in der musikalischen Evolution wurde der Intellekt immer enger mit den Emotionen verknüpft, da die Absichten des Komponisten klarer und seine *Formen* umfassender wurden.

Die Entwicklung der Musik verlief nicht gleichmäßig, denn sie ist sehr empfindlich und die Bedingungen waren oft ungünstig. Sie folgte in hohem Maße den Schwankungen der Verfeinerung und Feinfühligkeit der Massen; denn obwohl ihr Wachstum von bestimmten Bedingungen abhängt, reichen diese notwendigen Bedingungen nicht aus, wenn sie in engen Grenzen gehalten werden oder nur bei einzelnen Personen vorhanden sind.

Es muss eine freie Luft atmen, voller mitfühlender Gefühle und Impulse, und es muss einen breiten, tiefen Boden haben, in dem es seine Wurzeln ausbreiten kann, denn es strebt himmelwärts, hinauf durch das Materielle zum Idealen.

Die Entwicklung der Musik von ihrem Anfangsstadium zu einer Kunst ist – abgesehen von der benötigten Zeit – ganz analog zur Entwicklung jedes Talents zur Reife oder jeder musikalischen Konzeption zu ihrem vollen Ausdruck. Sie alle streben der Verwirklichung entgegen, angetrieben von künstlerischem Instinkt und Vorstellungskraft. Der Komponist von heute hat eine legendäre Vergangenheit voller Romantik und Herzklopfen und eine warme, mitfühlende Gegenwart, die seine Fantasie anregt, aber es bedurfte Jahrhunderten der Freude, des Leids, der Liebe und der Kultur, um die stoische Natur des Menschen zu beleben und zu verfeinern. Der Boden, der unsere Vorstellungskraft nährt, wurde durch das Blut und die Tränen zahlloser Generationen fruchtbar gemacht.

KAPITEL II
DIE ERSTE ÄRA DER MUSIK UND DIE EINFLÜSSE, DIE WÄHREND IHRER DAUER IN VERSCHIEDENEN LÄNDERN WIRKSAM WAREN

Im Verlauf der Musikentwicklung gibt es zwei unterschiedliche Epochen. Der erste endete und der zweite begann mit der Erfindung und Einführung der Notation. Dieses mechanische Gerät revolutionierte die Musikproduktion und den Musikgeschmack so sehr, dass wir ihm zu Recht die Ehre zuerkennen können, die Formulierung unserer Kunst ermöglicht zu haben, denn es zeichnete die Errungenschaften jeder Generation auf und lieferte so ihren Nachfolgern eindrucksvolle Vorbilder. Diese fehlten in der ersten Ära praktisch, was die geringen Fortschritte erklärt, die während ihres Fortbestehens erzielt wurden.

Diese frühe Karriere der Musik ist in völlige Dunkelheit gehüllt, die nicht von einer einzigen leuchtenden Episode unterbrochen wird, und die Lichter, die wir darauf zurückwerfen können, sind völlig deduktiv.

Sie sind nicht stark genug, um Einzelheiten hervorzuheben, aber sie reichen aus, um Umrisse zu entwickeln, die für die Zwecke meiner Skizze ausreichend sind. Die Tatsache, dass die alten Ägypter, Griechen und Chinesen viel Aufmerksamkeit dem widmeten, was manche gerne als Wissenschaft oder Technik der Musik bezeichnen, ist für mich kein Hinweis auf den Zustand der Musik, der damals herrschte. Ihre Bibliotheken enthielten zahlreiche Bände über Musik, aber ihre Abhandlungen betrachteten Melodie (Harmonie war nicht bekannt) von einem rein mathematischen Standpunkt aus. Dieses lebenswichtige Element der Musik, das so frei wie Luft sein sollte, wurde durch Pedanterie gefesselt.

Ich bin überzeugt, dass die Entwicklung der Musik durch diese zu frühe Verbindung mit der Wissenschaft ernsthaft verzögert wurde. China hat dieses System der Vasallität verewigt, mit dem Ergebnis, dass seine heutigen Tempelmelodien, die auch als Volkslieder dienen, völlig frei von plastischer Anmut und Spontaneität sind. Die Fehlbarkeit langer Linien mündlicher Überlieferung lässt Zweifel an der Behauptung der Chinesen aufkommen, sie hätten zumindest einen Teil dieser Lieder in ihrer ursprünglichen Form aus einer viertausend Jahre zurückliegenden Zeit geerbt; dennoch gibt es ein Merkmal der Situation, das diese Behauptung in gewissem Maße untermauert, nämlich den Instinkt zur Nachahmung, der diese Rasse von allen anderen unterscheidet.

Bei der Evolution geht es darum, einen elementaren Zustand zu verlassen, und wir messen seinen Fortschritt dadurch, dass wir die gegenwärtigen Umrisse und Qualitäten, was auch immer betroffen sein mag, denen gegenüberstellen, die einen bekannten früheren Zustand charakterisierten.

große Gelehrte hervorgebracht , und seine Zivilisation, so wie sie ist, besteht wie die ewigen Hügel und scheint kaum mehr Veränderungen unterworfen zu sein als diese, aber seine Menschen sind weder emotional noch phantasievoll und auch nicht empfänglich für Einflüsse von außen. Das große Wunder ist nicht, dass sich in China nie ein echtes Kunstgefühl gezeigt hat, noch dass es alle Versuche zurückgewiesen hat, die Früchte der europäischen Musikkultur einzuführen, sondern dass der Chinese mit seiner Natur jemals unsere Muse hervorgerufen hat. China hat nichts zur Entwicklung der Musik beigetragen, und wir können für unsere Untersuchungen keinen einzigen Lichtfunken daraus ziehen. Die mongolische Rasse behandelte ihren schwachen ersten musikalischen Impuls, wie sie es noch heute mit den Füßen hochkarätiger Mädchen tun – nämlich sie hüllten ihn so fest in pedantische Verhüllungen, dass er nicht wachsen konnte; und da er ein Impuls und nicht aus Fleisch und Knochen war, konnte er der Unterdrückung nicht standhalten.

Obwohl diese alten wissenschaftlichen Abhandlungen keine Hinweise auf den tatsächlichen Geist und die Form zeitgenössischer musikalischer Äußerungen geben, zeugen sie doch von vorhandenem Interesse und Respekt. Wie ich gezeigt habe, war dieser Umstand in China nicht von Nutzen, aber da die ägyptischen und griechischen Menschen und Kulturen von ganz anderer Substanz und Form waren , können wir mit Sicherheit davon ausgehen, dass ihre Bemühungen in dieser vorbereitenden Ära wichtige Merkmale waren.

Das Licht, das wir auf die Entwicklung der Musik zurückwerfen können, stammt aus folgenden Quellen: 1. der Natur der Musik selbst und der ersten zielgerichteten Verwendung ihrer Keime; 2. ihrem gegenwärtigen Zustand unter barbarischen Völkern; 3. der profanen Geschichte des alten Ägypten; 4. ihrer Entwicklung im Gleichschritt mit der der arischen Rasse; und 5. biblischen Bezügen (denen ich ein eigenes Kapitel widmen werde).

NATUR DER MUSIK

Es ist ein grober Irrtum, Musik lediglich als „Konsonanz süßer Klänge“ zu betrachten, denn das wäre eine unfruchtbare Kunst ohne kontrastierende Merkmale. Große Musik ist oft nicht schön, denn sie kann tragisch oder düster sein oder eine der Stimmungen des Lebens zum Ausdruck bringen. Wohlklang war zweifellos eine der zuletzt entwickelten Eigenschaften, denn er entspringt Freude, Liebe oder Ehrfurcht. Den Keim, der zuerst im Tonausdruck verwendet wurde, müssen wir bei den gröberen Emotionen suchen.

In dieser prähistorischen Zeit, am Anfang dessen, was man Seelenpächterschaft nennen könnte, verfügte der Mensch, ob erschaffen oder weiterentwickelt, als erster seiner Art über keine Früchte menschlicher Erfahrung, die ihn leiten konnten, und sein emotionaler Status hätte sich daher kaum davon unterscheiden können das der höheren Grade seelenloser Geschöpfe. Aus der Geschichte lernen wir , dass die tierische Natur seit Beginn ihrer Annalen praktisch unverändert geblieben ist, während der Mensch, weil er über einen höheren Grad an Intelligenz und eine eindeutige Anerkennung der Gottheit in der einen oder anderen Form verfügt, den Umfang seiner Impulse verfeinert und erweitert hat und Verständnis. Da es sich um die erste subjektive und nicht objektive Manifestation des Tonausdrucks handelt, die wir suchen, können wir nichts Besseres tun, als dieses Merkmal des Tierlebens zu untersuchen.

Solche Äußerungen sind das Ergebnis des aufeinander folgenden Zusammenwirkens von Gefühl, Vernunft und Impuls. Tiere knurren, brüllen und posaunen aus Wut und Trotz, und viele von ihnen haben Formen, ihre Zuneigung auszudrücken, aber diese letzteren werden durch Erfahrung erworben, während sie instinktiv auf äußere Kräfte zurückgreifen, um Schmerz oder Not zu lindern, und dabei Mittel einsetzen, deren Wirksamkeit sie erkennen. Wenn wir uns die Menschheit ansehen, stellen wir fest, dass das Neugeborene seinen Wunsch nach Nahrung ausdrückt, lange bevor es auf die Zärtlichkeiten seiner Mutter reagiert.

Ich gehe daher davon aus, dass Flehen die erste zielgerichtete, vorsätzliche Form der tonalen Kommunikation war und folglich der Kern, um den sich Erfahrung und Kultur so reichhaltige Ressourcen angesammelt haben. (Dieser Begriff der tonalen Kommunikation trifft ebenso gut auf unsere formulierte Kunst zu, denn Musik richtet sich von ihrem Schöpfer ausnahmslos an eine Intelligenz, sei es eine Person, die Welt oder Gott.)

Dieses zuerst entwickelte Element hat nie an Bedeutung verloren, denn es ist die Stimmung, die die Tonbilder des Komponisten am häufigsten durchdringt. Wir finden es dargestellt, wie es durch alle Phasen menschlicher Unzulänglichkeit hervorgerufen wird und sich an geeignete Quellen zur Erleichterung wendet – der Unterdrückte fleht den Tyrannen an, der Liebhaber ist das Objekt seiner Zuneigung und die endliche Welt, die vor der Unendlichkeit niedergeworfen ist und dem göttlichen Ohr ihre Hoffnungen und Sehnsüchte ausschüttet.

Nun beginnt eine unermessliche Zeitspanne, die wir nicht beleuchten können. Sie erstreckt sich von dieser ersten Manifestation bis zu jener

Entwicklungsstufe, die Formen des tonalen Ausdrucks hervorbrachte, wie sie heute von den niedrigsten wilden Rassen verwendet werden. Irgendwann während dieser unerforschlichen Periode, als der Mensch sich einen umfassenderen Wortschatz aus dem Vorrat der Natur angeeignet und anhaltendere und zugleich artikuliertere Formen angenommen hatte, verspürte er Pulsationen, den beginnenden Rhythmus. Ob diese primitive Konzeption des Takts durch verbundene Wortfolgen angeregt wurde oder mit der Ausweitung des tonalen Ausdrucks selbst einherging, können wir nur vermuten, aber rhythmische Impulse sind in den primitivsten musikalischen Bemühungen offensichtlich und stellen deren Hauptmerkmal dar.

MUSIK DER WILDEN RASSEN

Die Wissenschaft beschäftigt sich seit langem mit der Rassenherkunft. Sie ist von allen Seiten an das Problem herangegangen und hat so viel zu seiner Lösung beigetragen, dass sich Gründe für die Annahme ergeben, dass die verschiedenen Arten der Menschheit, wie sie jetzt existieren, jeweils physisch, moralisch und geistig das Ergebnis davon sind Bedingungen, bei denen Klima, Boden und Isolationsgrad die stärksten Faktoren waren; und dass diese Zweige, die sich über die ganze Welt ausgebreitet haben, einem gemeinsamen Familienstamm entspringen. Selbst innerhalb der historischen Grenzen wurden Migrationen entweder durch klimatische Veränderungen oder durch Meinungsverschiedenheiten im Zusammenhang mit der Überbevölkerung verursacht.

Wann sich die Wilden der Südseeinseln loslösten , und ob aus eigenem Antrieb oder durch eine Fügung der Vorsehung, die dafür sorgte, dass der Pazifik sie von der weniger schädlichen Menschheit isolierte, wird man nie erfahren. Es muss jedoch geschehen sein, nachdem die Idee eines zumindest begrenzten Tonausdrucks die Menschheit fest im Griff hatte und zu einem übertragbaren Instinkt geworden war, denn diese Wilden zeigten kaum mehr Veranlagung oder Fähigkeit zur Entstehung als die intelligenteren Tierarten. Ich nenne diese Menschen und ihren lyrischen Status, um den Tiefpunkt in menschlicher und musikalischer Hinsicht zu markieren, von dem wir wissen.

Ihre Musik und ihre Gewohnheiten werden gleichermaßen von der Linie durchkreuzt, die Mensch und Tier trennt, und es ist unnötig zu sagen, welche Eigenschaft den größeren Anteil dazu beiträgt. Ihre Lieder sind, wie ihre Sprache, ejakulatorisch, zeigen wenig Vernunft in ihren Formen und bringen nur die niederen Emotionen zum Ausdruck. Raue Rhythmen sind die einzigen Merkmale, die ihren Ursprung in musikalischen Impulsen bezeugen. Musik musste in ihrem Entwicklungsverlauf zwangsläufig dieses primitive Stadium durchlaufen. In angenehmeren Umgebungen verschwand sie, aber diese Barbaren, die weder emotional noch intellektuell in der Lage waren, den Impuls zu geben, der für die Entwicklung feinerer und umfassenderer

Bedeutung erforderlich ist, haben über Tausende von Jahren ihre gegenwärtigen, rohen Formen verwendet. Ihr Stadium kommt mit der Entwicklungslinie der Musik in einer Zeit in Berührung, die unzählige Jahre vor Davids Gesang liegt.

Aus einem Antwortbrief auf meine Fragen zum musikalischen Status dieser Barbaren, der von Graf Pfeil geschrieben wurde, der ihre Sitten während der zwanzig Jahre, die er mit der Erforschung des dunklen Kontinents und dieser noch dunkleren Inseln verbrachte, sehr genau beobachtet hat, schließe ich, dass ihre Barbarei ähnliche Ausprägungen aufweist wie die Kultur zivilisierter Nationen.

Über die beiden verwendeten Musikinstrumente sagt Graf Pfeil: „ Auf Neubritannien und Duke of York sind es die ‚ Tutupele ' und auf den Salomonen eine Art Panflöte oder Flöte. Erstere kann man kaum als Instrument bezeichnen. Sie wird im Zusammenhang mit den abergläubischen Zeremonien der Dult-Dult- Praxis verwendet und soll das Erscheinen der Geister ankündigen. Zwei Holzstücke werden so tief geschnitzt, dass sie zwei benachbarte Töne wie cd, ga oder fg erklingen lassen. Sie werden dann über eine kleine, in den Boden gegrabene Mulde gelegt und mit kleinen Keulenstöcken darauf geschlagen …

„Das andere Instrument wird von den Salomon-Insulanern verwendet. Sie versammeln drei oder vier Männer, jeder bewaffnet mit seiner Flöte, deren größte Pfeife etwa drei Fuß lang ist und einen Innendurchmesser von zwei Zoll hat. In jedem Instrument befinden sich fünf dieser Pfeifen. Sie sind aus Bambus und werden gespielt, indem man sie an die Lippen hebt und kräftig hineinbläst. Der Klang ist, besonders wenn man ihn aus großer Entfernung hört, was ihm seine Härte nimmt, überhaupt nicht unangenehm, sondern hat eher einen melodischen, wenn auch traurigen Charakter. Die wenigen Männer, die diese Instrumente spielen, beginnen, sich im Kreis zu drehen, und andere, die am Tanz teilnehmen möchten, versammeln sich um sie herum und bewegen sich ebenfalls im Kreis. Wenn hundert Tänzer auftreten, rennen die äußeren mit halsbrecherischer Geschwindigkeit, während die in der Mitte sich drehen, aber sehr langsam. Die Tänzer begleiten die Spieler mit sehr merkwürdigen, halbpfeifenden Tönen, die wie Vogelgezwitscher klingen. Je lauter und schriller die Töne sind, desto hübscher werden sie empfunden …

„Auf der Duke of York haben Jungen eine merkwürdige, grausame Methode, sich Musik zu verschaffen. Sie nehmen einen großen Käfer und brechen ihm ein Bein ab. In den verbleibenden Stumpf schieben sie eine Menge elastischen Gummis, dessen anderes Ende sie festhalten. Der Käfer kann nun fliegen, aber da er nicht aus der Hand des Jungen entkommen kann, kreist er immer wieder um ihn herum und gibt dabei ein lautes Surren oder Summen von sich …

„Alle diese Rassen singen. Ihre Lieder sind sehr eintönig, aber definiert, wie unsere eigenen. Sie können sie bitten, dieses oder jenes Lied zu singen, und sie werden es immer genauso singen, wie sie es zuvor gesungen haben. Alle Lieder werden mit gedämpfter Stimme gesungen, da der melancholische und misstrauische Charakter der Menschen alle lauten Fröhlichkeitsbekundungen verhindert ... Ich habe ihre Lieder noch nie von einem Instrument begleitet gehört, außer bei einem Tanz, bei dem zu meinem Bedauern kombinierte Gesangs- und Instrumentalbemühungen als Begleitung des Tanzes dienten."

Die nordamerikanischen Indianer sind trotz des demoralisierenden Einflusses von Händlern, Agenturen und Feuerwasser im Vergleich zu den gerade betrachteten Kannibalen edle Männer. Viele ihrer weniger liebenswürdigen Eigenschaften sind zweifellos die Früchte der Gier der weißen Eindringlinge, die von Anfang an dazu geführt hat, dass sie im Umgang mit dem roten Mann nicht gerechtfertigt waren. Sie leben in den glücklichen Jagdrevieren mit der Aussicht auf einen künftigen Zustand, der in ihnen ein strenges, aber nicht allzu umfassendes moralisches Bewusstsein anregt. Die Lebensbedingungen, die die Rassenmerkmale prägen , haben im Fall des nordamerikanischen Indianers körperliche Aktivität, genaue Beobachtung, Tapferkeit und logisches Denken entwickelt, wenn auch grob. Es mangelt ihnen an feiner Sensibilität und Vorstellungskraft, aber dennoch finden wir in ihnen nomadische Männlichkeit vom Feinsten, und ihre Musik spiegelt ihren Charakter wider.

Ihre Kriegs-, Trauer- und Freudenlieder klingen für moderne arische Ohren gleichermaßen eintönig, denn sie sind bar jeder Romantik und jedes feinen Gefühls und bestehen aus Wiederholungen *nach Belieben* statt aus fortschreitender Entwicklung. Ihre Höhepunkte werden eher durch gesteigerte Salbung beim Vortrag als durch aufeinanderfolgende Mittel hervorgerufen. Sie markieren die primären Pulsschläge ihrer Lieder durch Wiegen des Körpers, Tanzen und durch den Einsatz roher Instrumente und steigern sich so in einen bemerkenswerten Zustand der Begeisterung. Dieses Ergebnis ihrer musikalischen Übungen darf nicht als Hinweis auf das Vorhandensein eines starken, emotionalen Elements im indischen Charakter ausgelegt werden. Sie sind im Gegenteil so stur, dass nur wenige Dinge ihren Gleichmut erschüttern können. Ihre Ekstasen sind zielstrebig und selbst herbeigeführt.

Ihre phänomenale Fähigkeit, die Chroniken der Natur über die Bewegungen der Lebewesen zu lesen und zu interpretieren, und ihre ständige Ausübung dieser Fähigkeit haben sie weitgehend blind für die Schönheit der Landschaft gemacht. Sie widmen sich der Analyse von Einzelheiten statt der Betrachtung des harmonischen Ganzen des Schöpfers und entwickeln daher wenig Sinn für das Schöne. Die grundlegende Manifestation dieses Sinns ist beim normal begabten Menschen eine Wertschätzung der Formen und Farben materieller Dinge. Auf diesem Sinn können wir eine Empfänglichkeit für das Immaterielle und Ideale aufbauen, aber ohne ihn haben wir keine Grundlage für ästhetischen Geschmack. Ich kann mir nichts Unpassenderes vorstellen als eine Atmosphäre aus Bach-Fugen oder Beethoven-Symphonien für einen Menschen, der beim Anblick des großartigen Panoramas der Natur nur Tonnen von Heu, Fuß von Holz, Wasserkraft usw. sieht. Die Musik der Indianer Nordamerikas ist weder wohlklingend noch romantisch, aber sie ist deutlich menschlicher als die der Südseeinsulaner, und ihre unterschiedlichen Stammesformen lassen darauf schließen, dass in ihrer Obhut Ressourcen angesammelt wurden, wie gering diese auch erscheinen mögen.

Der Charakter und die Musik der Indianer werfen ein Licht auf den Verlauf der Evolution während der ersten Ära, insofern sie im Gegensatz zu denen der Kannibalenvölker meine Behauptung untermauern, dass der klangliche Ausdruck sich an der begleitenden Kultur orientiert und sich im Gleichschritt mit ihr weiterentwickelt.

PROFANE GESCHICHTE DES ALTEN ÄGYPTEN

In jener frühesten Zeit, die der Historiker beschreiben kann (etwa 3000 V. CHR.), war das Niltal Schauplatz von Unternehmungen, deren Früchte seither die Welt in Erstaunen versetzt haben. Die Pyramiden, der etwas später erbaute Palast von Karnak und die Tempel von Luxor und Ipsambul stehen an erster Stelle der phänomenalen Ideen menschlicher Architekten; und die mechanische Geschicklichkeit, die zur Handhabung der massiven Blöcke und Säulen, aus denen sie bestehen, erforderlich ist, würde die Geräte unseres praktischen und erfinderischen Zeitalters auf eine harte Probe stellen. Diese monumentalen Gebäude, ihre einheitliche Umgebung und die entzifferten Aufzeichnungen wissenschaftlicher und literarischer Errungenschaften in jenen frühesten historischen Zeiten zeugen von einer breiten Kultur. Da wir keine Aufzeichnungen über eine Rasse besitzen, von der die Ägypter Anregungen oder Wissen selbst hätten beziehen können, war ihre Kultur vermutlich einheimisch und wuchs daher langsam. Der Palast von Karnak beispielsweise markiert den Höhepunkt einer Reihe architektonischer Bemühungen, die möglicherweise bald nach der Entstehung der Schwemmablagerungen des Nils begonnen haben.

Der beharrliche und kühne Ehrgeiz, von dem dieser lange Entwicklungsverlauf zeugt, und das Kunstgefühl, das in ihren Werken zum Ausdruck kommt, verleihen dem Interesse der Ägypter an Musik, wie es in den wissenschaftlichen Abhandlungen, die am Anfang dieses Kapitels erwähnt wurden, zum Ausdruck kommt, besondere Bedeutung. Sie waren gelehrter und weniger pedantisch als die Chinesen und außerdem emotional und phantasievoll, wenn auch traurig abergläubisch. Hätte diese hohe Aufklärung alle Volksklassen durchdrungen, wäre Ägypten ein Elysium für unsere Kunst gewesen, aber leider war sie auf die oberen Gesellschaftsschichten beschränkt, zu denen die Priester und bis zu einem gewissen Grad auch die Krieger gehörten.

Die Massen waren, zusammen mit Kriegsgefangenen und Sklaven aus Zentralafrika, bloße Diener der Monarchen und Priester bei der Ausführung ihrer ehrgeizigen Pläne. Obwohl ihre Arbeit ein unzweifelhaftes Zeugnis für die Größe ihrer Herren war, zermürbten die ihnen Jahrhundert für Jahrhundert auferlegten Lasten schließlich ihre Treue; daher der Verfall und Untergang Großägyptens. Es hätte unmöglich so etwas wie Kunstbegeisterung unter einem so unterdrückten Volk geben können. Trotz dieses lebenswichtigen Mangels tat das alte Ägypten direkt und indirekt mehr, um die Musik zu fördern und ihr einen weiteren Impuls zu geben, als alle anderen Kräfte der ersten Ära zusammen. Dies war zum Teil darauf zurückzuführen, dass damals zum ersten Mal Tonausdruck mit rhythmischen Texten verbunden wurde; dennoch schließe ich daraus, dass ihre Musik lediglich ein Beiwerk zur wohlklingenden Deklamation war – der Poesie untergeordnet – denn hätten ihre Melodien eine unabhängige Bedeutung gehabt, hätten diese findigen Menschen einen Weg gefunden, sie aufzuzeichnen. Diese Beziehungen zwischen Musik und Poesie wurden in Griechenland fortgeführt; Tatsächlich wurde unserer Kunst erst in ganz neuer Zeit Gleichberechtigung als beitragendes Element im Gesang zugestanden. Es hat mehrere verschiedene Epochen in dieser Beziehung gegeben, nämlich die, in der der Tonausdruck wegen seiner wenig verstandenen Fähigkeiten der Schwesterkunst untergeordnet wurde; die Gleichberechtigung der Musik (die auf die Einführung der Notation zurückgeht), während der sie ihre Formen stark erweiterte und verschönerte; ihre Vorherrschaft, die die Vokalwerke des frühen Teils des gegenwärtigen Jahrhunderts kennzeichnete; und jetzt die Wagner-Schule, in der die beiden wieder auf gleicher Basis zusammenarbeiten.

Die alten Ägypter verwendeten Panflöten, Flöten, Hörner, Schlaginstrumente und kleine Harfen. Wandgemälde aus der vierten Dynastie stellen Spieler dar, die auf Pfeifen unterschiedlicher Länge und folglich unterschiedlicher Tonhöhe blasen, was eine dumme Erklärung dafür ist, dass zumindest einige Prinzipien erkannt wurden, die den gleichzeitigen Einsatz von Tönen regeln. Außerhalb dieser Bildaufzeichnung können wir keinen Hinweis darauf finden, dass dieses Volk irgendetwas Analoges zur modernen Harmonie kannte und praktizierte . In Ermangelung spezifischer Daten sind wir gezwungen, den Zustand der Musik in dieser erstaunlichen, wenn auch exklusiven Zivilisation auf die Elemente der Atmosphäre zurückzuführen, aus denen sie ihren Impuls erhielt. Da die vorherrschenden dieser Elemente tiefes religiöses Gefühl, wissenschaftliche Gelehrsamkeit, unersättlicher Ehrgeiz und eine deutlich ausgeprägte lyrische Tendenz waren, müssen ihre Melodien kohärent und ausdrucksstark gewesen sein.

Arische Rasse

Da die Instinkte und Fähigkeiten der arischen Rasse schon immer einzigartig waren, kann es sich als aufschlussreich erweisen, einen Blick auf die Merkmale ihrer prähistorischen Existenz in Asien zu werfen, die durch vergleichende Philologie und Mythologie ans Licht gebracht wurden. Erstens belegen diese Wissenschaften die Tatsache, dass wir im Westen (Griechen, Italiener, Deutsche, Engländer) und die Hindus des Ostens gemeinsamen Ursprungs sind . Als unsere Vorfahren als Kinder zusammenkamen, hörten sie dieselben Legenden, Balladen und mythischen Geschichten über ein und dieselbe Mutter, und sie haben sie an diese Generation weitergegeben, wobei die Nachkommen eines jeden so wenig verändert wurden, dass sie einen ausreichenden Beweis für die Familienbeziehung liefern. Viele der wichtigeren Wörter der verschiedenen arischen Sprachen sind auffallend ähnlich, und dies trotz der fünftausend Jahre dauernden Überlieferung und der unterschiedlichen Bedingungen für das Wachstum weit voneinander entfernter Clans zu großen Nationen.

Die Arier verehrten die Natur in ihren spektakuläreren und heroischeren Formen und Stimmungen – in Stürmen, Feuer, Sonnenuntergang und Morgendämmerung –, blickten aber nach oben nach ihrer höchsten Gottheit. Der Himmel mit seinen unergründlichen Tiefen aus Blau und seinen Sternengeheimnissen war ihr Zeus. Daraus wird ersichtlich, dass sie in gewisser Weise Götzendiener waren , aber ihr Götzendienst war nicht erniedrigend; es war in der Tat adelend. Sie betrachteten die Natur und sahen in ihren Vorgängen die Hand einer alles durchdringenden, wohltätigen Macht – eines Gottes. Sie verehrten Gott auf diese Weise und auf keine andere Weise, die ihnen durch seine Werke offenbart wurde.

Ihre Vorstellungen von Familien- und Gemeinschaftsorganisation dienten und dienen zivilisierten Nationen als Vorbild. Sie waren väterlich geprägt, die Clans waren große Familien mit patriarchalischen Oberhäuptern und gewählten Ratsherren . Sie waren Hirten, bestellten den Boden und hüteten Rinder, Schafe, Pferde und Schweine; gleichzeitig waren sie aber auch gute Krieger. Sie trugen Lederschuhe , aus Wolle gewebte Kleidung und verfügten zumindest über rudimentäre Kenntnisse der Naturwissenschaften.

Aus alledem schließe ich, dass die frühen Arier ein Volk freier Menschen waren, das nicht der Klassendiskriminierung unterworfen war, die Ägypten ruinierte.

Ihre Wertschätzung der Natur, ihre Ehrfurcht, ihr Ehrgeiz und ihre Hartnäckigkeit machten sie zu besonderen Hütern der Künste, und ihre relative Klassengleichheit ermöglichte es ihnen, die Anforderungen meiner Theorie zu erfüllen, dass Musik nur dann gedeihen kann, wenn Interesse und Wissen weit verbreitet sind. Sie muss eine freundliche und suggestive Atmosphäre ausstrahlen.

Unser Hauptgeschäft ist die arische Musik, nachdem sie unter den Einfluss der ägyptischen Kultur geraten ist, aber es könnte für meine Leser interessant sein, für einen Moment das Licht der Analogie auf ihre frühere Zeit zurückzubringen. Wir haben festgestellt, dass die frühen Arier weniger gebildet waren als die Klasse der ägyptischen Gelehrten, aber auch weniger abergläubisch und weniger pedantisch. Sie waren normale Menschen in ihren Berufen, Empfänglichkeiten und ihrem sozialen Leben. Wenn wir ein solches Bild vor Augen haben, ist es für unsere Vorstellungskraft ganz natürlich, seine Ergänzung in ausdrucksstarken Klängen zu hören – friedlichen Schlafliedern, Lob- und Liebesliedern und klangvollem Jubel.

In ferner Vergangenheit muss die Region, die die ursprüngliche Heimat der Arier gewesen sein soll, fruchtbar gewesen sein, denn frühe Dichter beschrieben ihre Reize mit Begeisterung. Die Klimaveränderungen, die den Boden zu dem machten, was er heute ist, mögen Migration angeregt oder sogar notwendig gemacht haben; dennoch kann nie genau gesagt werden, welche Umstände oder welche Kombination von Umständen die Arier dazu veranlasste, Zentralasien zu verlassen; sicher ist jedoch, dass sie wie unaufhaltsame Flutwellen nach Westen und Süden rollten und dabei alle Völker und Institutionen auf ihrem Weg zerstörten, mit sich rissen oder absorbierten und beherrschten.

Einer der Ströme der arischen Migration floss nach Süden und bildete die hinduistischen und persischen Völker, ein anderer gelangte über den Hellespont nach Europa und nahm seinen Wohnsitz in Griechenland und Italien. Drei weitere, die Kelten, die Germanen und die Slawen, folgten in der genannten Reihenfolge, zogen nördlich des Schwarzen Meeres vor und besetzten West-, Mittel- und Osteuropa.

Von allen Nationen, die sich aus diesen ursprünglichen Kernen entwickelt haben, weisen die Hindus am wenigsten Anzeichen einer engen Verbindung mit der großen Lehrerin der Welt auf, während die Griechen, vielleicht aufgrund ihrer Nähe zu Ägypten, dazu gebracht wurden, ihre Ausbildung in vollem Umfang in Anspruch zu nehmen .

Die alten Hindus waren weniger wissenschaftlich als die Chinesen oder Ägypter, und ihre Isolation hat sie daran gehindert, mit der modernen Zivilisation voranzukommen. Ihre Musik ist weniger die Frucht von Theorien als vielmehr ein natürlicher arischer Impuls. Sie betrachten es nicht als eine Wissenschaft, sondern als eine Frage der Emotionen, als Ergebnis der Vorstellungskraft und dazu gedacht, diese anzuregen. Ich habe hinduistische Melodien gesehen, die ein korrektes Verständnis der rhythmischen Anpassung zeigten, doch ihre Leistungen berechtigen sie nicht zu einem Platz unter den einflussreichen Faktoren in der musikalischen Entwicklung.

Jetzt kommen wir zum Höhepunkt unserer ersten Ära. Solch eine wahre Vorstellung von Schönheit, solch vollkommene Symmetrie und so weitreichende Vorstellungskraft und hohes Streben, wie sie in der Kunst und Literatur des antiken Griechenlands vorhanden sind und sie für alle Zeiten erstrahlen ließen, zeugen von Bedingungen, die die Musik während ihres Fortbestehens zur Verwirklichung gebracht hätten Wäre sie nicht so ungreifbar gewesen und daher notwendigerweise langsam in der Entwicklung gewesen? Wäre ihre Natur weniger schüchtern gewesen, hätten wir möglicherweise so monumentale antike griechische Musik wie die Ilias oder den Parthenon.

Die Griechen erkannten schnell die Vorzüge der ägyptischen Gelehrsamkeit, und Griechenland wurde bald zum größeren Schüler des großen Ägyptens. Dennoch sollten wir Ägypten den ersten Platz unter den Faktoren einräumen, die die moderne Zivilisation aufbauten und zur Entstehung der Musikkunst führten, denn von dort stammte der entscheidende Impuls.

In dieser Zeit der Vorherrschaft der griechischen Kultur wurden den Müttern, Frauen und Töchtern keine Lorbeeren zuteil. Die Frau galt als minderwertiges Wesen und nahm am intellektuellen gesellschaftlichen Leben keinen ehrenvollen Anteil. Jungen erhielten eine umfassende Bildung, während Mädchen vernachlässigt wurden. Dies war der einzige Makel auf dem Ruhm jener Zeit, und wir verurteilen nicht nur die damit verbundene Ungerechtigkeit, sondern müssen auch bedauern, dass diese alten Künstler sich selbst die höchste irdische Quelle der Inspiration, den Umgang mit der zarten Begeisterung, den scharfen Wahrnehmungen usw. verweigerten Kunstinstinkt einer gebildeten und geliebten Weiblichkeit; Denn welche Höhen hätten ihre Erfolge ohne diese falsche Vorstellung von der Natur und den Fähigkeiten der Frau erreichen können!

Man könnte meinen, dass Sapphos Texte, die Platon dazu veranlassten, sie die „Zehnte Muse“ zu nennen, auf die Existenz einer subtilen Ader schöner Intellektualität in der reineren und sensibleren Natur der Frau schließen ließen, aber das war nicht der Fall. Nach dem zu urteilen, was wir über das frühe arische Familienleben gesehen haben, muss diese unpraktische und erniedrigende Idee der Unterdrückung der Frau von ägyptischer Gelehrsamkeit geprägt gewesen sein.

In den griechischen Schulen wurde Musik unterrichtet, und die Jugend wurde so dazu befähigt, in den heiligen Chören mitzusingen und die Bedeutung der Poesie zu schätzen. Die unsterblichen Barden sangen ihre Werke, die oft über Generationen hinweg ungeschrieben blieben. Das Drama entwickelte sich aus Liedern und Tänzen. Musik war ein herausragender Bestandteil ihrer Symposien, die Leier wurde von Gast zu Gast gereicht, und jeder trug sein Bestes zu diesem intellektuellen Fest bei. Bankette wurden mit dem Singen von Hymnen beendet. Musik durchdrang jede Veranstaltung des hellenischen Lebens.

Ihre Chöre waren einstimmig, und ihre instrumentalen Begleitungen waren entweder rein rhythmisch (unabhängig von der Tonhöhe) oder folgten der Stimme, denn die Griechen hatten kein erkennbares Konzept von Harmonie. Wenn ich über die wunderbare Gelehrsamkeit und den poetischen Sinn des antiken Griechenlands nachdenke und über die wichtige *Rolle* , die die Musik in der Zeit ihres Glanzes spielte, kann ich nur spüren, dass es ein Unglück ist, ihre Melodien nicht aufzuzeichnen. Sie mögen nicht reich an Vielfalt in der Tonfolge oder im Rhythmus gewesen sein, aber sie waren zweifellos kraftvoll, ausdrucksstark und logisch abgerundet, und sie markieren daher den Höhepunkt, der in der ersten Ära erreicht wurde.

Griechenland hat Ägypten als Lehrer der Welt abgelöst, und seine Lehren gewinnen an Bedeutung, da wir durch die fortschreitende Kultur die feine Anpassung der Vorstellungskraft an die Natur, die sie verkörpern, besser verstehen können. Griechenlands Skulptur, Architektur und Literatur sind die größten Vorbilder, die wir haben, und diejenigen unserer Architekten, die die Bedeutung monumentaler Gebäude zu schätzen wissen, suchen im antiken Griechenland nach entsprechender Inspiration.

Ist es nicht vernünftig und logisch anzunehmen, dass der Geist der ungeschriebenen griechischen Musikformen erhalten geblieben ist, von Nation zu Nation und von Generation zu Generation weitergegeben wurde und dass er unserer heutigen klassischen Schule zugrunde liegt? Ich sage Geist, wenn ich von musikalischer Überlieferung spreche, denn die Mittel und äußeren Formen der Musik befanden sich in der homerischen Zeit und befinden sich auch heute noch in der Entwicklung.

Es wäre Platzverschwendung, die musikalischen Aktivitäten anderer europäischer Nationen während dieser Zeit zu diskutieren. Diejenigen, die am wenigsten dazu beigetragen haben, den Weg zu ebnen, waren am aktivsten, seit unsere Kunst Gestalt annahm. So großartig Italiens Verdienste seit dem 16. Jahrhundert (N. CHR.) auch waren, so wenig hat es vorher für die Musik getan. Der heilige Ambrosius von Mailand (384 n. CHR.) und der heilige Gregor von Rom (590 N. CHR.) ordneten Rituale, Gebete, Musik usw.

an, aber es gibt keine detaillierten Aufzeichnungen ihrer Leistungen und daher auch keine authentischen gregorianischen Gesänge.

KAPITEL III
BIBLISCHE ERWÄHNUNG VON MUSIK

Das Alte Testament ist eine Chronik des Wachstums, der Bewegungen, der körperlichen und geistigen Gewohnheiten und des religiösen Status der großen jüdischen Rasse. Seine Religion mit einer Gottheit, deren unmittelbare Präsenz oft spürbar war, seine Musik, die sich an diese Präsenz richtete, und seine Familien-, Stammes- und Rassenorganisationen waren alle jüdisch. Der große Hebel der jüdischen Existenz war eine Religion, deren Glaubensbekenntnis die Anfertigung von „geschnitzten Bildern" verbot, weshalb Malerei und Bildhauerei nicht gepflegt wurden; Es erkannte die direkte Wirkung des höchsten Willens bei der Gestaltung alltäglicher Ereignisse an und schrieb oft wiederholte Lobpreisungen und Gebete vor und schuf so die Atmosphäre erhabener Hingabe , die wir in vielen Büchern der Bibel finden und die in Davids Psalmen ihren Höhepunkt erreichte .

Die alten Hebräer waren keineswegs ein wissenschaftliches Volk. Ihr einziges intellektuelles Streben fand Ausdruck in der Verschönerung der Gottesverehrung. Sie waren religiöse Lehrer, die direkt oder indirekt die Glaubensbekenntnisse der zivilisierten Welt geprägt haben.

Unter den Voraussetzungen, auf denen ich bisher meine Theorien zur musikalischen Evolution aufgebaut habe, konnten frühe jüdische Lieder in ihrem künstlerischen Wert den Texten, mit denen sie in Verbindung gebracht wurden, nicht ebenbürtig gewesen sein, denn dieser Rasse fehlte die allgemeine Kultur und das Kunstbewusstsein, wie sie im Alten Ägypten vorherrschend waren. Die Hebräer jedoch waren eine Rasse für sich, und ihre einzigartigen Instinkte machten ihre Musik möglicherweise zu einer Ausnahme von allen Regeln.

Ihr Gesangsimpuls beschränkte sich auf eine Zeile, war jedoch so stark, dass er sich von der Empfängnis in religiöser Begeisterung bis zu einem hohen Grad der Erfüllung erstreckte, ohne die niedrige Ebene ihrer allgemeinen Kultur zu berühren. Trotzdem wird die hebräische Musik in ihrem Einfluss auf den Gesang der Welt durch die oben erwähnten Mängel und den daraus resultierenden Verfall der Rassennationalität auf einen niedrigen Platz verwiesen.

Sie hatten Männer, die sich dem Spielen von Instrumenten als Begleitung zum Gesang widmeten, und die Bibel erwähnt mehr verschiedene Instrumente, als in der profanen Geschichte jener Zeit zu finden sind. Gottesdienst war ein so wichtiger Bestandteil des jüdischen Lebens, und Lobpreis war ein so wesentlicher Bestandteil ihres Gottesdienstes, dass die Massen jene großartigen Texte gelernt und gesungen haben müssen, die heute den Höhepunkt menschlicher Ehrfurcht, Verehrung, Gebets und

Dankbarkeit darstellen. Es ist unmöglich, sich vorzustellen, dass David seine Psalmen zu primitiven oder unzulänglichen musikalischen Vertonungen sang.

Hier haben wir eine Situation, die anscheinend voller lebenswichtiger Widersprüche ist. Die meisten Einflüsse, die sich als notwendig für die Entwicklung der Musik erwiesen haben, fehlten, und dennoch gibt es Anzeichen dafür, dass sie sich zu einem Ausdrucksmittel entwickelt hatte. Die Juden waren von tiefem religiösen Gefühl und einem exquisiten Sinn für die Formen der Natur getrieben. Kein Dichter hat bisher Davids einfache, aber schöne Wertschätzung des Universums und seines Einflusses auf die Menschheit erreicht .

Die Juden Polens, Spaniens und Deutschlands haben unterschiedliche musikalische Vertonungen der Psalmen, daher gibt es keine nachvollziehbare Erblinie von David. Diese Linie wurde durch die Veränderungen ausgelöscht , die über Generationen hinweg durch ununterstütztes Gedächtnis entstanden sind. Dass es bei längerer mündlicher Überlieferung seltene Ausnahmen von dieser Regel des Formwechsels geben kann, wurde kürzlich von einem deutsch-hebräischen Musiker und Gelehrten ausführlich bewiesen. Er spielte mir eine ungeschriebene Pessach-Hymne vor, die sein Vater immer zu dieser Festzeit gesungen hatte, und erzählte mir, dass er vor nicht allzu langer Zeit von einem spanischen Hebräer unterhalten worden sei, der Ton für Ton dieselbe Melodie sang. Das Gehör und das Gedächtnis dieses Herrn sind so absolut, dass in diesem Fall kein Zweifel besteht; aber soweit meine Nachforschungen reichen, steht es für sich allein.

Der Komponist des 19. Jahrhunderts kann nirgendwo sonst so ernste und suggestive Texte finden wie im Alten Testament. Sie bringen die Hoffnungen, Sorgen, Verzweiflung, Ehrfurcht und Freuden unserer Herzen genauso treffend zum Ausdruck wie die der hebräischen Barden, die sie vor Tausenden von Jahren geschrieben haben. Ihre natürliche und direkte Art, Emotionen auszudrücken , und ihre unvergleichliche Erhabenheit des Geistes machen sie besonders ansprechend für den Musiker, dessen Fantasie von diesen Emotionen ausgeht.

Uns wird das Privileg verweigert, die Formen und den Inhalt biblischer Melodien oder Gesänge zu scannen, und wir müssen uns damit begnügen, die hervorstechenderen Merkmale der *Rolle aufzuspüren* , die der Musik in dieser älteren Ära zugewiesen wurde, und die mechanischen Geräte, die zur Verbesserung des Rhythmus eingesetzt wurden Präzision und Klangfülle.

Einige Autoren haben versucht, das Problem der hebräischen Musik inmitten unpassender Bedingungen zu lösen, indem sie ihre Entwicklung auf den Einfluss eines mutmaßlichen Kontaktes mit der prähistorischen ägyptischen Zivilisation zurückführten. Das erscheint nicht logisch, denn die hebräische Musik scheint durch den anhaltenden direkten Kontakt während des langen Aufenthalts der Israeliten in Ägypten kaum oder gar nicht beeinträchtigt worden zu sein .

Die jüdischen und ägyptischen Charaktere waren so diametral gegensätzlich (was sich in ihren Überzeugungen, Gewohnheiten und Bestrebungen zeigte), dass ihre emotionalen Ausdrucksformen unmöglich einer gemeinsamen Linie folgen konnten.

Der Umgang mit den Ägyptern vermittelte dem hebräischen Geist nicht einmal einen wissenschaftlichen Impuls. Daher kann man mit Sicherheit davon ausgehen, dass meine zuvor erwähnte Hypothese – dass die Kraft ihrer Impulse der jüdischen Musik und Poesie im Vergleich zu ihren anderen Künsten und Wissenszweigen eine einzigartige Stellung einbrachte – glaubwürdig ist.

Die erste Erwähnung von Musik erfolgt in Genesis IV. 21. Jubal, der Sohn von Lamech und Adah, wird als „Vater aller, die Harfe und Orgel bedienen" beschrieben. Jubal gehörte zur siebten Generation der Nachkommen Adams, und die Welt befand sich biblischen Aufzeichnungen zufolge im zweiten Jahrhundert ihres Bestehens. Diese „Harfen und Orgeln" ähnelten zweifellos denen, die auf Bildern aus der vierten ägyptischen Dynastie abgebildet waren. Bei den erstgenannten handelte es sich um Rahmen, auf denen eine oder höchstens eine sehr begrenzte Anzahl von Saiten gespannt war, und die „Orgeln" waren Panflöten (eine Reihe von Rohrblättern mit abgestufter Länge, die zusammengebunden waren und durch Anblasen in sie gespielt wurden). sie wurden über die Unterlippe hin und her geführt). Die Panflöte wurde wahrscheinlich im Einklang mit der Stimme gespielt, während die primitive Harfe zusammen mit den vorhandenen Schlaginstrumenten nur dazu diente, Rhythmen zu markieren.

Alle Historiker sind sich in ihren Schlussfolgerungen über die Reihenfolge einig, in der die verschiedenen Instrumentenklassen auf der Musikbühne erschienen. Da Rhythmus der Herzschlag der Musik ist, erfasste er natürlich die ersten Sänger einer in irgendeiner Weise formulierten Melodie, führte zu Körperschwingen, Händeklatschen, Fußstampfen und regte schnell zur Verwendung anderer Resonanzmittel an, um seinen Fortschritt zu kennzeichnen. Unsere Trommeln waren zunächst nur hohle Holzstücke, unsere Becken, Triangel und Gongs hatten möglicherweise eine doppelte Aufgabe – musikalisch und kulinarisch – und unsere Harfe und unser Klavier wurden durch einzelne Saiten vorweggenommen, die gespannt waren, um unabhängig von der Tonhöhe einen klangvollen Ton zu erzeugen.

Als nächstes kamen die Blasinstrumente – zunächst einzelne Rohrblätter, die zum Markieren von Rhythmen geblasen wurden, dann Panflöten und viel später einzelne Pfeifen, die wie die nicht verbesserte Flöte mit Grifflöchern versehen waren. Zuletzt kamen die Instrumente, bei denen die Töne erzeugt werden, indem man mit einem Bogen über die Saiten fährt. Die Idee, die schwingende Länge der Saiten durch Herunterdrücken auf ein Griffbrett an eine gewünschte Tonhöhe anzupassen, ist vergleichsweise modern. Diese allgemeinen Klassen nahmen zahlreiche Formen an und wurden aus verschiedenen Materialien hergestellt.

Die Existenz Jubals und seiner musikalischen Nachkommen zeugt von einem weitverbreiteten Interesse an und einer weitverbreiteten Verwendung von Liedern, doch die Genesis liefert weder weitere Erkenntnisse noch Texte oder sonstige Anspielungen auf das Thema Musik.

Die nächste Erwähnung findet sich in Exodus 15. Nachdem die Ägypter vom tückischen Treibsand des Roten Meeres verschlungen wurden, stimmen Moses und die Kinder Israels ein Freudenlied an und danken Gott, dessen direktem Eingreifen sie ihre Rettung zuschreiben. Das Lied ist in seiner aufgezeichneten Form zu ausführlich, um spontan entstanden zu sein. Moses drückte in seinem Bericht über das Ereignis zweifellos die Gefühle aus, die angesichts des Ereignisses aus den Herzen seines Volkes hervorbrachen, und zwar in einer geordneteren und ausführlicheren Form. Die Gefühle sind erhaben, und die Wirkung, die der Gesang dieses riesigen Chors der gerade Geretteten hervorrief, war unvergleichlich, der großartigste Anflug menschlicher Begeisterung, den die Welt je erlebt hat; denn Moses allein hatte sechshunderttausend kämpfende Männer.

„Miriam, die Prophetin", nahm nach dem Lied oder während Pausen im Gesang, um die Menge zu neuen Anstrengungen anzuspornen, „eine Pauke in die Hand; und alle Frauen gingen mit Pauken und Tänzen hinter ihr her. Und Miriam antwortete ihnen." „ Singt dem Herrn, denn er hat herrlich gesiegt; das Pferd und seinen Reiter hat er ins Meer geworfen." Die Timbrels waren Trommeln, die in Größe und Form wahrscheinlich unseren Tamburinen ähnelten.

Die Posaune wird im neunzehnten und zwanzigsten Kapitel des Exodus dreimal im Zusammenhang mit der Übergabe der Gebote an Moses erwähnt. Die letzte Gelegenheit findet nach der Vollendung dieser das Universum formenden Zeremonie statt, nämlich: „Und das ganze Volk sah die Donner und die Blitze und den Lärm der Posaune und den rauchenden Berg."

Das 32. und 33. Kapitel des Deuteronomiums enthalten einen der düstersten Verse der Bibel. Moses, der sein Leben dem Wohl der Israeliten gewidmet hat und der vierzig Jahre lang darum gekämpft hat, die Demoralisierung in ihnen zu überwinden, die durch Jahrhunderte der Knechtschaft entstanden ist, singt hier ein Abschiedslied für sein Volk, denn es steht kurz davor, das gelobte Land in Besitz zu nehmen, und dieses Glück bleibt ihm verwehrt. Könnte man sich ein traurigeres Bild vorstellen als das dieses guten Mannes, der so wenig Vertrauen in die Früchte seiner früheren Lehren hat und die Israeliten zum letzten Mal ermahnt?

Es würde meine Skizze ermüdend machen, sie mit den weniger wichtigen musikalischen Ereignissen zu belasten , die in der heiligen Geschichte aufgezeichnet sind, wie den Liedern von Deborah, Hannah usw., deshalb werde ich vier Jahrhunderte überspringen, deren musikalische Übungen mit Nr. gekennzeichnet zu sein scheinen außergewöhnliche Ereignisse, es sei denn, wir akzeptieren den Fall Jerichos als musikalisches Phänomen.

Am Ende dieser Periode stoßen wir auf David, den man mit Recht den Jesaja unserer Kunst nennen könnte, denn seine Lieder bringen die Vorstellung einer vollen, freien, einfallsreichen musikalischen Verwirklichung zum Ausdruck, die selbst die größten Komponisten, die sie hervorgebracht haben, noch nicht erreicht haben Einstellungen. I. Samuel xvi. erwähnt zum ersten Mal Davids musikalische Fähigkeiten, nämlich: „Und Saul sprach zu seinen Dienern: Gib mir nun einen Mann, der gut spielen kann, und bring ihn zu mir ... Und es geschah, als der böse Geist kam Von Gott geschah es über Saul, dass David eine Harfe nahm und mit seiner Hand spielte. So wurde Saul erfrischt und gesund, und der böse Geist wich von ihm. Davids erster aufgezeichneter „Danksagungspsalm“ befindet sich in II. Samuel xxii. Seine Kraft, seine lebendigen Bilder und seine Vorstellung von Allmacht wurden vom menschlichen Geist nie übertroffen. Es ist musikalisch suggestiv und inspirierend, aber ein Komponist, der in der Lage ist, seine Bedeutung zu begreifen, könnte ins Staunen geraten, denn unsere Kunst ist immer noch zu schwach für solche Höhenflüge. Eine sorgfältige Lektüre der Verse fünf bis einschließlich achtzehn wird zum Verständnis meiner Gefühle in Bezug auf dieses Lied führen.

In vielen ernsthaften Musikstücken steckt ein „kirchlicher Ton“, denn die tieferen Saiten der kultivierten menschlichen Empfänglichkeit sind auf Anbetung abgestimmt. Unsere Beziehung als Geschöpfe zu Gott, dem Schöpfer, ist der Hauptfaktor, der diesen Zustand hervorruft, aber daneben beeinflusst das biblische Lied den Trend zu hohen musikalischen Bestrebungen am meisten. Diese Einflüsse sind heimtückisch, und ihre Früchte deuten nicht unbedingt auf Absichten des Komponisten hin, der möglicherweise überhaupt nicht fromm ist; aber da er, wie die zivilisierte Menschheit, den Geist der Religion in sich aufgenommen hat, durchdringt dieser seine höchsten Bemühungen und charakterisiert sie in gewissem Maße.

Solange der Mensch weiterhin Musik schreibt, wird David nicht aufhören, einer der treibenden Kräfte bei der Gestaltung seiner Vorstellungen zu sein. Dieser kirchliche Ton, wenn vorhanden, manifestiert sich normalerweise nicht in Themen oder ihrer kontrapunktischen Entwicklung, sondern in den harmonischen Umrissen, auf denen diese Elemente beruhen. David soll die meisten der einhundertfünfzig Psalmen geschrieben haben, die uns überliefert sind, und es könnte interessant sein, einige der musikalischen Farben zu verfolgen, die durch seine deutlicher ausgeprägten Stimmungen angedeutet werden. Sie spiegeln die tiefsten Winkel seines gottesfürchtigen und väterlichen Herzens wider.

Der dreizehnte Psalm ist ein Klagelied , das durch Davids Erinnerung an vergangene Gnadentaten vor dem Versinken in Verzweiflung bewahrt wird. Dieses letzte Element ist in diesem Fall analog zu den Durharmonien in unseren modernen Molltonarten, die unseren dunkelsten Klangbildern Andeutungen kommender Helligkeit verleihen.

Im neunzehnten Psalm, der mit den Worten beginnt: „Die Himmel verkünden die Herrlichkeit Gottes, und das Firmament zeigt sein Werk", finden wir einen Geist zufriedener Kontemplation, für den diese zitierten Zeilen den Grundton treffen und das *Thema* mit Nr. ankündigen unsicherer Klang.

Der dreiundzwanzigste besteht aus pastoralen Gleichnissen, die mit ruhiger, aber immer größerer Intensität aufeinander folgen. Er ist ebenso voller erholsamer Zuversicht und in sich geschlossener Energie wie der langsame Satz von Beethovens Fünfter Symphonie. Es ist in seinem sequentiellen Fortschritt zu nachhaltig, um die Kontraste zu bieten, die für Komponisten mit mittelmäßigen Fähigkeiten so wichtig sind und die die Entweihungen erklären könnten , denen es ausgesetzt war. Nichts stellt das Können eines Musikers so auf die Probe wie die logisch wachsende Kontinuität. Dieser Psalm hätte in Bachs erhabener Gelassenheit einen idealen Rahmen gefunden.

Der Geist des Jubels im Lobpreis des Allmächtigen, der selbst in den traurigeren Momenten von Davids Lied präsent ist und durch seine Zweifel und Sorgen hindurchleuchtet, erstrahlt im achtundneunzigsten Psalm, der von den Komponisten wahrscheinlich mehr Beachtung gefunden hat, in strahlender Pracht als jeder andere biblische Text. Es hat viele wundervolle Musik inspiriert, aber eine falsche Vorstellung von dem Geist, der den letzten Vers hervorrief, ist zur Tradition geworden.

Der Psalmist berief sich nicht auf die Fluten, um in die Hände zu klatschen, und auf die Hügel, um gemeinsam vor dem Herrn zu jubeln, um Gott zu versöhnen, sondern um die Freude auszudrücken, die er empfand, als er die Ankunft dessen erwartete, der „das Volk gerecht richten" sollte ." Um konsequent zu sein, sollte der Komponist dieses Gefühl in großer Größe als Höhepunkt seines musikalischen Plans darstellen.

Diese Beispiele genügen, um den suggestiven Reichtum der Psalmen Davids oberflächlich zu veranschaulichen.

Jesaja sagt in Kapitel V. 12: „Und Harfe und Viola, Tamburin und Flöte und Wein sind bei ihren Festen." Tatsächlich nimmt der Prophet wiederholt Bezug auf die Musik, aber nicht in einer Weise, die seiner Chronik eine besondere Bedeutung für uns verleiht.

Ich werde dieses Kapitel mit zwei Beispielen aus dem Neuen Testament abschließen. Das erste ereignete sich im Zusammenhang mit dem Abendmahl , nämlich nach der Spendung des Abendmahls, und nachdem sie ein Loblied gesungen hatten, gingen sie auf den Ölberg hinaus. Dieses ruhige Loblied wird nicht aufhören, durch das Universum zu hallen, bis wir in der Lage sind, Johannes' Vision himmlischer Musik zu verwirklichen, die, wie in der Offenbarung (fünftes Kapitel) beschrieben, einen angemessenen Höhepunkt irdischer musikalischer Anstrengungen bilden würde.

KAPITEL IV
MUSIK VON DER ERFINDUNG DER NOTATION BIS HEUTE

Der Schwung der Ereignisse in dieser neuen Ära war in seiner kumulativen Dynamik und hohen Tendenz so großartig, dass man sich über die Fülle an Daten ebenso sehr schämt wie über die Armut der älteren Periode.

Zu Beginn ihrer zweiten Ära begann die Musik Geschichte zu schreiben, und viele sorgfältige und gebildete Männer haben die besten Jahre ihres Lebens der Zusammenstellung ihrer Schallplatten gewidmet; Wir sind daher reichlich mit Nachschlagewerken ausgestattet, was mich zu rechtfertigen scheint, den durch meine individuellen Eindrücke vorgezeichneten Weg noch weiter zu verfolgen. Meine Schlussfolgerungen und Theorien folgen möglicherweise nicht immer ausgetretenen Pfaden; Tatsächlich führt mich die Hoffnung, dass diese Abschweifungen meinen Lesern neue Sichtweisen eröffnen und sie so vielleicht dazu anregen, sich tiefere Kenntnisse über die Natur der Musik anzueignen, dazu, die bekannten Ereignisse dieser Ära zu diskutieren.

Bevor ich mit unseren Untersuchungen beginne, möchte ich die in Kapitel II dargelegte Theorie hervorheben , nämlich dass der Fortschritt der musikalischen Entwicklung mehr oder weniger schnell erfolgt, je mehr oder weniger gut die Qualität ihres kulturellen Umfelds ihren Anforderungen entspricht. Große Komponisten sind keine exzentrischen Geschöpfe, sondern die natürlichen Früchte der Bedingungen, in die sie hineingeboren wurden und in denen sie schaffen.

Eicheln, die man auf kahle Felsen wirft, verrotten; in Sand gepflanzt und den heftigen Winden des Meeres ausgesetzt, wachsen sie zu knorrigen Büschen heran; fallen sie jedoch in einen Boden, der Eigenschaften besitzt, die geeignet sind, ihre innewohnenden Keime zu entfalten , werden sie zu edlen Eichen, deren Größe je nach der durchsetzungsfähigen Vitalität ihrer verschiedenen Keime und den Impulsen, die sie von Erde und Himmel erhalten, variiert. Diese Bedingungen prägen auch ihre Form, denn ihre Zweige strecken sich nach Sonnenlicht und Regen aus, so wie ihre Wurzelranken nach substanziellerer, aber nicht notwendiger Nahrung suchen. Diese Suche gibt ihrem Wachstum die Richtung vor.

Die Waldriesen sind wie unser Bach, Beethoven, Schubert, Schumann und Wagner; Sie überragen wie diese musikalischen Giganten ihre Artgenossen. Unsere Musiker verwurzeln sich in der Vergangenheit (im Wissen darüber, was andere erreicht haben), ihre Bestrebungen werden durch das Sonnenlicht einer weit verbreiteten Kultur in die Tat umgesetzt und ihre Kreationen nehmen in ihrer Umgebung Gestalt an.

Um meine Theorie zu veranschaulichen: Wenn Beethoven jetzt Musik leben und komponieren würde, würde sie sich zwangsläufig in Form und Mitteln genauso sehr von dem unterscheiden, was er produziert hat, wie sich unsere Lebensbedingungen und -weisen von denen vor 75 Jahren unterscheiden Ein Genie würde schnell die Präsenz neuer Elemente in seiner materiellen Umgebung oder seiner künstlerischen Atmosphäre spüren.

Einige dieser neuen Elemente sind für den Komponisten hilfreich, während andere dazu neigen, seine Spontaneität zu ersticken oder die Umrisse zu verzerren und die Farben seiner Klangbilder zu sehr aufzuhellen. In die erste Klasse würde ich die allgemeine Steigerung der musikalischen Intelligenz einordnen; die mechanischen Geräte, die bei der Anwendung auf Orgel, Klavier und die meisten Orchesterblasinstrumente deren Effizienz erheblich steigern; Berlioz' Idee der Farbintegrität, die das Orchesterschreiben revolutioniert hat; der Rückgang der Konventionalität in der Form; die größere Intensität in harmonischen Abfolgen; und die etwas Bach-artige Bedeutung, mit der der heutige Autor versucht, den Bass- und Mittelstimmen zu verleihen.

An die Spitze der zweiten Klasse (schädliche Elemente) möchte ich die ungeheure Praktikabilität unserer Zeit stellen, die ihre Dampfpflüge in unsere ländlichen Bilder eindringt und mit ihrer endlosen Prozession mechanischer Neuerungen die poetische Fantasie in dunkle Nischen drängt, wo sie überlebt, gedeiht aber nicht; Dann kommt die fieberhafte Eile, reich oder berühmt zu werden, die unsere Generation so beherrscht, dass sie die kontemplative Stimmung des Künstlers stört und seinen Kreationen manchmal den Anschein prosaischer Nützlichkeit verleiht, und in anderen Fällen verleiht sie ihnen unpassende Formen und Farben. Und zu guter Letzt kommt die moderne Gewohnheit der Selbstbeobachtung, die aus dem lobenswerten Wunsch, philosophisch zu argumentieren, entspringt und die Spontaneität erstickt.

Beethoven hätte sich gegen diese widrigen Umstände aufgelehnt, aber er wäre dennoch von ihnen beeinflusst worden. Sein Geist wird der Zeit trotzen, aber seine Modelle und Methoden sind veraltet. Ein moderner Komponist, wie begabt er auch sein mag, könnte ihnen nicht folgen, ohne seinen Anspruch auf Anerkennung aufzugeben.

Wir lassen uns gern von Bach und Beethoven in ihre Zeit zurückversetzen und finden Erfrischung in der natürlichen Atmosphäre, die sie umgibt. Ein modernes Werk jedoch, das ähnliche Elemente enthielte, würden wir ablehnen. Denn in einem solchen Fall wären sie künstlich und würden nicht die Elemente besitzen, die eine emotionale Stimmung suggeriert und charakterisiert.

Die Entwicklung einer Notation, die musikalische Errungenschaften definiert und so jede Entwicklungsstufe als Sprungbrett zur formulierten Kunst dient, ließ unerklärlich lange auf sich warten.

Es gibt keine absolute Gewissheit darüber, wer unser heutiges System der Notenschrift erfunden hat, aber die Ehre wird normalerweise Huchbold von Flandern (840-930) zugeschrieben. Er war ein gelehrter Benediktinermönch und ein eifriger Arbeiter auf dem Gebiet der Musik. Huchbold verwendete sicherlich eine Notationsform, die zumindest an die heute gebräuchliche erinnert, aber einigen Historikern zufolge war Huchbolds eigene Schriften erwähnen das Mittel, als ob es nicht von ihm stammte. Er hinterließ Beispiele für Stimmführung, die jedoch keine Verbesserung der impliziten Methoden der alten Ägypter darstellen (was durch die in Kapitel II erwähnten Wandmalereien angedeutet wird), denn seine Stimmen verlaufen in parallelen Quarten, Quinten und Oktaven und haben daher keine eigenständige Bedeutung.

Das älteste Beispiel moderner Notation ist in der Kathedrale von Winchester zu sehen. Es ist die Vertonung eines Gebets und soll im Jahr 1016 geschrieben worden sein. AD England behauptet auch, das erste Beispiel kontrapunktischer Komposition geliefert zu haben – einen vierstimmigen Kanon mit zwei freien *Bässen* , der im Jahr 1240 oder früher geschrieben wurde. Wenn dies authentisch ist, ist es ein Phänomen wie „Donner aus heiterem Himmel“, denn weder damals noch dreihundert Jahre danach gab es eine offensichtliche wissenschaftliche Tendenz in Englands musikalischen Methoden. Dieses Stück könnte ein direktes oder indirektes Produkt der flämischen Schule gewesen sein, deren Vorläufer Huchbold war.

Dieser gelehrte Priester, der danach strebte, musikalische Mittel (nicht deren Geist) zu materialisieren und zu koordinieren, kann als Indiz für die intellektuelle Neigung seiner Zeit in den Niederlanden angesehen werden, deren Bevölkerung sich weder von menschlichen Feinden noch von den gnadenloseren erschrecken ließ Das Meer, das eine ständige Bedrohung für ihre Existenz darstellte, widmete der Entwicklung der Künste und Wissenschaften sowie dem Aufbau von Industrien große Aufmerksamkeit. Ihr intelligentes und beharrliches Unterfangen schloss die Nordsee ab, machte sie zu einem gefügigen Diener und schuf auf diesen zurückgewonnenen Sumpfgebieten eine Zivilisation, die mehrere hundert Jahre lang die höchste Errungenschaft der Menschheit darstellte.

Diese Ernsthaftigkeit und hohe Kultur waren kongeniale Elemente für die Entwicklung der Musik, und es gibt reichlich Belege dafür, dass es ihr Gegenstück, ein ausgeprägter Sinn für klanglichen Ausdruck, nicht fehlte. So sagt Taine in seiner „Kunst in den Niederlanden“: „Andere Leute pflegen die Musik, für sie ist sie ein Instinkt.“ Es ist nicht verwunderlich, dass dieser

Instinkt, gepaart mit dem unvergessenen Geist Huchbolds , in diesem günstigen Stadium der Entwicklung der Musik eine ausformulierte Kunst hervorbrachte. Die Musik selbst war zu einem reifen Impuls geworden, der nur auf solche Bedingungen wartete. Die flämische Schule passte die Tonverhältnisse an und erfand Kontrapunkt und Kanon. Johann Osteghem und sein Schüler Despres waren die größten Meister dieser ersten Schule, die ab Mitte des 14. Jahrhunderts fast zwei Jahrhunderte lang alle europäischen Höfe mit Sängern, Instrumentalisten und Komponisten versorgte.

Ihre aufwändigere Musik wurde für die Kirche geschrieben, was ihrer Produktion jedoch einen Dämpfer verpasste, da die Reformation die religiösen Bräuche stark vereinfachte und den Komponisten anspruchsvoller Werke den Zugang zum Chor verwehrte.

Vor der Entwicklung der Oper und der Einrichtung von Konzertorchestern und Chören war die Kirche der einzige Förderer hochkarätiger musikalischer Bestrebungen. Glücklicherweise hatten die niederländischen Musiker die verheerenden Folgen dieser religiösen Revolution durch die Gründung von Musikkonservatorien in Venedig und Neapel verhindert. Sie übertrugen ihr Wissen und ihre hohen Ansprüche in das sonnige und katholische Italien, wo sie aufblühten und Früchte trugen, nachdem ihr Heimatland musikalisch nicht mehr führend war.

Eine neue Kunst ist zwangsläufig überkonservativ. Die Naturgesetze, auf denen es basiert, halten seine Anhänger an wörtlicher Konformität fest, bis die Erfahrung ein Gefühl für ihre umfassendere Bedeutung entwickelt hat.

In Wirklichkeit sind es nur starre Umrisse, die nach grundlegenden künstlerischen Anpassungen gezeichnet wurden und deren Erkennung die geschwungenen Linien unserer Fantasiebilder vor Abnormalität und Chaos bewahrt. Sie entsprechen durchaus den anatomischen Kenntnissen, die für den Künstler unabdingbar sind, der sich an deren allgemeine Anforderungen hält und seinen Figuren dennoch individuellen Charakter verleiht.

Die niederländische Musik dieser Zeit war eher intellektuell als emotional; Unter Berücksichtigung der vergleichenden Charakteristika der beiden Völker können wir daher die Verlagerung des Schwerpunkts der musikalischen Tätigkeit nach Italien nur als ein äußerst glückliches Ereignis betrachten; Abgesehen davon, dass dieser Basiswechsel eine Verzögerung der Evolution oder eine mögliche Dekadenz verhinderte.

Die emotionalen Italiener hätten das Fundament der Musik weder so tief noch so breit gelegt, aber sie waren gut geeignet, ihrem Überbau Anmut und Schönheit beizusteuern. Das sinnliche Element der Musik ist fast ausschließlich ein Reflex des italienischen Temperaments. Wir nördlichen Völker erkennen die Kraft, die dieser Eigenschaft innewohnt, und kultivieren sie mit mehr oder weniger Erfolg, aber in unserer kälteren Natur ist sie ein Exot.

Unter dem Einfluss des italienischen Charakters nahm die Musik bald anmutigere Linien, reineren Wohlklang und reichere Bedeutung an. Die Wissenschaft wurde weiterentwickelt, aber sie wurde als Mittel betrachtet, das individuellen Vorstellungen unterworfen war. Der Erfolg dieser aus den Niederlanden nach Italien verlagerten Schule gipfelte in der Produktion von Palestrina (1524-1594), dem ersten Hohepriester unserer endgültig geklärten Kunst.

Die inhärenten Qualitäten der Musik, die in den Kapiteln I. und II. ausführlich behandelt wurden, machen unsere Kunst exklusiv. Sie ummauern es und bilden einen äußeren Tempel, einen inneren Tempel und ein Allerheiligstes. Die erste ist allen aufrichtigen und empfänglichen Anhängern des musikalischen Glaubens zugänglich. Die zweite ist für diejenigen, die dienen, Priester, die sich dem Dienst widmen. Zum innersten Heiligtum, das die Gegenwart unserer musikalischen Göttin beherbergt, sind nur Aaron-ähnliche Hohepriester zugelassen, aber der von ihnen hervorgebrachte Gesangsweihrauch verbreitet sich und erfüllt die inneren und äußeren Tempel bis in ihre hintersten Winkel. Den Diensten dieser Hohepriester verdanken wir in erster Linie die weitverbreitete Musikkultur der Gegenwart. Es wird daher eine meiner Aufgaben sein, den charakteristischen Einfluss jeder einzelnen dieser Linie aufzuspüren, deren Schöpfungen über die Zeit hinweg Bestand haben werden. Im Zuge der Verfeinerung der Musik war sie zwangsläufig immer exklusiver geworden und in ihrer immer höheren Stellung der groben und unkultivierten Menschheit immer unzugänglicher geworden. Diese Exklusivität hatte vom ersten Schritt der Evolution an darin bestanden, die Mauern unseres jetzt fertiggestellten Tempels zu erhöhen.

PALESTRINA

Mit Genehmigung von EH Schroeder, Berlin

Obwohl der Großteil der frühen Musik Italiens, wie auch der Niederlande, für die Kirche geschrieben wurde, war Palestrina der erste Komponist, der einen klaren kirchlichen Ton anschlug. Die Tendenz ging in Richtung Brillanz, gepaart mit einer Würze unziemlicher Sentimentalität, und Papst Marcelli, der die Unangemessenheit solcher musikalischen Vertonungen erkannte, beriet sich mit diesem aufstrebenden Genie und beauftragte ihn 1563, eine Messe zu schreiben, die dem Geist des Gottesdienstes entsprach. Palestrinas dritter Versuch führte zur großartigen „Papst-Marcelli-Messe", die heute ein ebenso akzeptables Modell für Kirchenmusik ist wie im 16. Jahrhundert.

Ich habe Palestrina als ersten Hohepriester ausgewählt, weil er wie seine Nachfolger Bach, Beethoven, Schubert, Schumann und Wagner ein Schöpfer war und weil seine Werke wie ihre den Weihrauch des Allerheiligsten verströmen; einen Weihrauch, der im Gegensatz zu allen anderen mit der Zeit an Kraft gewinnt.

Palestrinas Werke zeichnen sich durch erhabene Zielsetzungen und logisch kühne Methoden aus. Seine Stimmführung war so geschmeidig und melodisch, dass sie einen der gelehrtesten lebenden Musiker, der zunächst ein Wagner-Gegner war , zu der Aussage veranlasste: „Wagner begann mit Meyerbeer und endete mit Palestrina." Mit diesem Vergleich wollte er dem kontrapunktischen Können und den musikalischen Methoden des Autors der „Meistersinger" die höchste Anerkennung zollen.

Neben Palestrina waren Scarlatti und Pergolesi die einzigen frühen italienischen Komponisten, deren Musik die Generation, in der sie geschrieben wurde, überlebte. Scarlatti schrieb Opern, aber sein Name ist vor allem durch seine Klaviermusik am Leben erhalten geblieben. Pergolesi, der fast zweihundert Jahre nach Palestrina auf der Bühne erschien, schrieb Opern, die mit wilder Begeisterung aufgenommen wurden.

Während der Zeit der italienischen Vorherrschaft (1500-1700) entstanden viele Kompositionsformen und viele mechanische Geräte zur Aufnahme und Aufführung von Musik wurden erfunden oder perfektioniert. Zu den ersteren gehörten die Fuge, das Oratorium, das letztere zunächst reaktionsfähig war (abwechselnde Musik und Lesung), aber bald seinen heutigen Charakter annahm, die Messe und die Oper . (Es ist erstaunlich, dass Monteverdes Opern „Arianna" und „Orfeo", die 1607–1608 entstanden, bis zu einem gewissen Grad Wagners Idee eines konsequenten Musikdramas verkörpern.) Die Orgel, die Violine und das Pianoforte wurden verbessert, das Flageolett, die Klarionette , Fagott, Musikart, Schläge und

Metallplatten wurden erfunden, das erste Opernhaus wurde gebaut (in Venedig) und die Elemente des modernen Orchesters (Blas-, Streich- und Schlaginstrumente) wurden formal kombiniert.

Das Licht Flanderns war nach Frankreich und England geschienen und hatte den Menschen dieser Länder ein Gespür für die verborgenen Möglichkeiten der Musik vermittelt, und wir sehen, dass sie intelligent und mit guten Ergebnissen arbeiten. Unser gegenwärtiges Ziel ist es jedoch, dem Hauptstrom der musikalischen Entwicklung zu folgen, geleitet von den aufeinanderfolgenden „Leuchtfeuern" der Errungenschaften, auf seinem Weg. Diese kleineren Nebenflüsse werden wir später verfolgen.

Zu Beginn des 18. Jahrhunderts lenkten zwei strahlende Lichter unseren Blick von Italien nach Deutschland. Der direkte Einfluss der Niederlande, der einen tiefen und bleibenden Eindruck auf die langsamen, aber ernsthaften, intellektuellen und liedliebenden Deutschen machte, hatte ihre Empfänglichkeit geweckt und sie für die reifere musikalische Entwicklung Italiens empfänglich gemacht.

Der germanische Charakter ist weniger emotional und impulsiv als der Italiener, aber er ist methodischer, romantischer und tiefer. Es ähnelt eher dem der Niederländer, aber bei der Beurteilung ihres Status dürfen wir nicht vergessen, dass zu dem Zeitpunkt, über den ich schreibe, seit dem Beginn des Niedergangs der Musik in der nördlichen Urheimat zweihundert Jahre vergangen waren. Die Reformation, die eine so deprimierende Wirkung auf diese ursprüngliche Kunst hatte, regte diese weniger wissenschaftlich musikalischen Menschen zum Gesang an. Luther, der die moderne deutsche Sprache koordinierte , schlug auch einen Liedton an, der die Herzen seines Volkes in mitfühlende Schwingung versetzte.

Die Chorstimmen sind die tiefsten Schichten des deutschen Charakters, und sein Geist hallt durch ihre ernsteren Werke wider – in dem im Kapitel III erwähnten Substrat – so markiert die Reformation den Beginn der deutschen Musikkultur, die unter direkter und indirekter Führung und Die Anreize aus Italien nahmen erheblich zu und weiteten sich aus, bis im 18. Jahrhundert das Erscheinen von Händel und Bach eine Wende in der Entwicklung nach Norden bezeugte.

Die Italiener hatten die kraftvollsten Qualitäten ihrer Natur in diesen Strom eingebracht, und nun fügten die Deutschen ihr tiefes Gefühl, ihre intellektuelle Kraft und etwas später ihre Romantik hinzu. Wie wir sehen werden, war Italien nicht in eine Ära der Inaktivität eingetreten , aber Deutschland nahm zu dieser Zeit den ersten Platz unter den Faktoren der Evolution ein, einen Platz, den es immer noch einnimmt.

BACH

Meine Theorie über den Wesenscharakter eines weit verbreiteten Interesses an Musik findet in den damaligen und noch heute in Deutschland vorherrschenden Verhältnissen volle Bestätigung. Luthers Choräle wurden für das Volk geschrieben und von ihm gesungen. Jeder Gläubige fand in ihnen ein Mittel für seine hingebungsvollen Gefühle. Dieser Aspekt des Gottesdienstes, dieser Gesangskern durchdrang nach und nach den Alltag und brachte wunderbare Früchte; brachte eine wirklich musikalische Nation hervor, aus der unser zweiter Hohepriester Johann Sebastian Bach und sein weniger deutscher Zeitgenosse Georg Friedrich Händel hervorgehen konnten.

Vor dem Aufkommen dieser Giganten hatte Deutschland zahlreiche Opern geschrieben und aufgeführt und auf verschiedene Weise große Ambitionen zum Ausdruck gebracht, aber seine Musiker hatten keine monumentalen Werke komponiert.

Ihre frühen Troubadoure, von denen Walther von der Vogelweide der größte war, und die „ Meistersänger “, von denen Hans Sachs, der 1494-1576 lebte, der begabteste war, hinterließen keine Aufzeichnungen ihrer Melodien. Die bloße Existenz dieser Meistersängergilden über Hunderte von Jahren hinweg zeigt die Vitalität ihrer Zielstrebigkeit und die hohen Ziele. Durch freundschaftliche Rivalität zu immer höheren Leistungen angespornt, trugen diese Gilden zweifellos viel zur lyrischen Kraft der deutschen Natur und damit zur letztendlichen Größe ihres „Vaterlandes“ bei. Die letzte dieser Gilden wurde 1836 in Ulm aufgelöst.

Bach war der mächtigste Mann, der Musik komponierte. Ein Schriftsteller, der ihn sah, sagt: „Seine schwarzen Augen, die aus seinem massiven Kopf leuchteten, sahen aus wie Flammen, die aus einem Felsen brechen.“ Er war der Nachkomme einer Linie, die sowohl geistig als auch körperlich standhaft war. Sein entferntester nachweisbarer Vorfahre war ein aus Ungarn nach Sachsen eingewanderter Bäcker, und sein Sohn, Johann Sebastians Urgroßvater, war Teppichweber und Musiker. Die beiden nachfolgenden Generationen widmeten sich ausschließlich der Musik und versorgten halb Thüringen mit fähigen Musikern. Ihre gewissenhafte Arbeit ließ jedoch keinen Vorgeschmack auf den bevorstehenden, erhabenen Höhepunkt ihrer familiären Leistungen zu.

Johann Sebastian Bach hatte einen eisernen Willen, Selbstverleugnung und Hingabe an die Kunst geerbt. Seine Vorstellungen gingen so weit über die bestehenden Traditionen hinaus, und er tat so wenig, um öffentliche Aufmerksamkeit zu erregen, dass er zu seinen Lebzeiten nur geringe Beachtung fand; Tatsächlich brauchte es ein Jahrhundert nach seinem Tod und die Wertschätzung eines Mendelssohn, um der Welt klar zu machen, dass ein wahrer Gott unter den Menschen gelebt hatte. Der bescheidene Kantor der Leipziger Thomasschule musste kämpfen, um seine große Familie zu ernähren, aber er machte keine Zugeständnisse an den vorherrschenden Geschmack; Er wich nicht von den Linien seines Ideals ab, sich Popularität zu sichern. Er unterwarf sich geduldig jeder Lehrarbeit, die notwendig war, um den Lebensunterhalt für seine Kinder zu verdienen, aber wenn er auf seiner Orgelbank saß oder seine Feder in die Hand nahm , gab er keine andere Treue zu als die der Kunst, und keinen anderen Impuls als die, die veranlasste ihn, ihr mit all seinen Kräften zu dienen.

Die Kraft, Würde, schlichte Lieblichkeit, das Pathos und die Erhabenheit, die wiederum seine Vorstellungen charakterisieren, sind, wenn man sie als Produkte des 18. Jahrhunderts betrachtet, so wunderbar, dass sie und seine gelassene Gleichgültigkeit gegenüber Anerkennung ihn zu einem einzigartigen Mann machen – einem musikalischen Messias.

Bachs Vielseitigkeit, Geschicklichkeit und körperliche Ausdauer waren in ihrer Art ebenso bemerkenswert wie die Qualität seiner Schöpfungen. Er schrieb für Orgel, Klavier, Violine, für unbegleitete Stimmen und mit Orgel oder Orchester und stellte in jedem dieser Bereiche seine Meisterschaft unter Beweis. Seine erhaltenen Schriften beschäftigten einen Kopisten vierzehn Jahre lang zehn Stunden am Tag, und dennoch fand Bach, mangels anderer Möglichkeiten, Zeit, einen Großteil seiner eigenen Musik einzugravieren. Es ist zu hoffen, dass die verspätete Würdigung seines Charakters und seiner Werke, die schließlich die Welt mit Bewunderung erfüllt haben, ins Jenseits vordringt und sein Herz für die Menschheit erwärmt, die in seinem Leben die Tiefen seiner Gefühle so wenig ergründet hat und gescheitert ist um die Erhabenheit seiner Ideale zu erkennen.

Händel war auch groß, es sei denn, man vergleicht ihn mit seinem größeren Zeitgenossen. Sein bestes Werk war das Oratorium „Israel in Egypt". Sein Stil war eine Mischung aus italienischer Anmut und deutscher Kraft. Er war ein Meister der vokalen Mittel, und seine Werke sind daher klangstark und sowohl für Sänger als auch für Zuhörer eine Wohltat. Händel schrieb flüssig, aber mit weniger anhaltender Ernsthaftigkeit als Bach, und seine Kompositionen haben mehr zur Förderung des Chorgesangs beigetragen als alle anderen Kräfte zusammen; aus diesem Grund kommt die Musikwelt nur ihrer gerechten Schuld nach, indem sie ihm einen Ehrenplatz in ihrem Vokalrepertoire zuweist.

Von diesen beiden Meistern schrieb Händel weniger kompliziert. Bach verließ sich auf die legitime Entwicklung seiner Themen, während Händel oft auf Tonmessen zurückgriff – er war eher harmonisch als kontrapunktisch.

Bald nach der Mitte des 18. Jahrhunderts erreichte die immer stärker werdende Flut musikalischer Kultur in Wien ihren Höhepunkt. Dies war ebenso sehr der Nähe der Stadt zu Italien zu verdanken, dessen lyrische Quellen noch lange nicht versiegt waren, wie dem Strom des nördlichen Einflusses. Die musikalische Intelligenz war zu dieser Zeit bereits so weit verbreitet, dass an vielen Stellen am Horizont helle Lichter auftauchten, doch Wien wurde von einer Galaxie erstrahlt, die sein musikalisches Leben erhellte und es auf unsere dritten und vierten Hohepriester, Beethoven und Schubert, vorbereitete.

Die brillantesten Mitglieder dieser Galaxie waren Haydn, Mozart und Gluck, die alle der Welt Schätze hinterließen, die an Wert nur von denen übertroffen wurden, mit denen unsere Priesterlinie uns ausgestattet hatte. „Papa Haydn" brachte seinen reinen Anspruch und seine kindliche Einfachheit in Sinfonien, Streichquartetten und anderen Ensemblewerken sowie in großen Vokalkompositionen zum Ausdruck. Die „Schöpfung" und die „Jahreszeiten" sind seine ehrgeizigsten Schriften. Nur wenige Werke Haydns verfügen über eine große intellektuelle Kraft, aber sie sind so erfrischend wie ländliche Szenen oder gut erzählte Geschichten. Mozart und Gluck werden notwendigerweise in Kapitel V besprochen, daher werde ich sie jetzt behandeln.

Beethoven war unser dritter Hohepriester, denn sein etwas früheres Auftreten berechtigt ihn, seinem späteren Kollegen den Vorrang einzuräumen. Die Wiener Schule hatte die Sonatenform erfunden oder weiterentwickelt, der Musik eine nachhaltigere und klarer definierte Melodie, reichere harmonische Farben und dramatische Kraft verliehen und das Orchester enorm bereichert; so begann Beethoven seine Arbeit mit weitaus mehr Ressourcen, die ihm zur Verfügung standen, und fruchtbareren

Traditionen, in denen seine Kunst verwurzelt werden konnte, als dies bei seinen Vorgängern der Fall war.

Beethoven war in vielen seiner Eigenschaften wie Bach; er war selbständig, mannhaft zärtlich und kraftvoll, ohne Gewalt. Seine besten Ideen sind so hoch und edel, dass sie menschliche Schwächen weit hinter sich lassen und an Sphärenmusik erinnern, aber er war in seiner Treue zur Kunst weniger beständig als Bach; nicht weil er dem Druck von außen nachgab, sondern wegen seiner ungeduldigen Natur, die ihn manchmal dazu trieb, der Routine zu folgen, anstatt auf Inspiration zu warten, die ihm den Weg vorgab. Dies führte zu Ausrutschern, die, wenn Ehrfurcht einem kritischen Urteil gewichen ist, die Musikwelt dazu bringen werden, einige seiner jetzt blind akzeptierten Werke zu verwerfen. Dies ist wünschenswert, denn diejenigen, die behaupten, an allen Werken Beethovens Freude zu haben, oder dies tatsächlich tun, sind entweder sich selbst untreu oder sie sind nicht in der Lage, auf seine höchsten Momente zu reagieren, die solche Wunder des Klangausdrucks wie „Fidelio" und die „Eroica" hervorbrachten.

BEETHOVEN

Ganz gleich, welche Formen die Musik im Laufe ihrer weiteren Entwicklung annehmen mag, Beethovens stärker individuelle Schöpfungen werden ihren monumentalen Charakter behalten und wie die Pyramiden gelassen auf die vergehenden Generationen der Menschheit blicken, sind jedoch noch weniger vergänglich als diese.

Wenn wir Beethovens Methoden und den Geist, der seine Kompositionen durchdringt, im Vergleich zu denen Bachs untersuchen, müssen wir die unterschiedlichen sozialen und musikalischen Bedingungen berücksichtigen, die in ihren jeweiligen Epochen vorherrschten. Zu Beginn des 19. Jahrhunderts schüttelte Europa seine gepuderten Perücken und die damit einhergehende Sparpolitik ab. Die Kultur wurde selbstbewusster und kühner, und die Musik spiegelte die Merkmale ihrer neuen Umgebung in größerer Genialität und Bandbreite wider. Beethovens Methoden waren denen Bachs völlig entgegengesetzt. Ersteres zeichnete einen großen Umriss und verwendete dann den Kontrapunkt als beitragendes Element, während der thematische Kontrapunkt die Substanz von Bachs Schöpfungen war – das Gewebe, das ihnen Form gab. Jedes war ein Spiegelbild der edelsten Tendenzen seiner Zeit.

SCHUBERT

Mit Genehmigung von EH Schroeder, Berlin

Ich begegne Schubert, unserem vierten Hohepriester, dessen Wirken zusammen mit dem von Beethoven die Epoche zur bemerkenswertesten in der Musikkarriere macht, mit Bewunderung seiner Leistungen und Bedauern über sein halbes Leben. Was so schön über Keats gesagt wurde: „Das Leben eines langen Lebens, das zu einem Tropfen verdichtet und wie eine Träne auf die Wange der Welt gefallen ist, um sie für immer brennen zu lassen", trifft in gleicher Weise auf Schubert zu. Er wurde in eine Zeit hineingeboren, in der sich bereits lyrische Neigungen gezeigt hatten, aber er war eine unerschöpfliche Quelle, aus der klare Melodien in immer stärkerem Umfang sprudelten und jedes seiner musikalischen Vorhaben bis zum Überfluss erfüllten. Die Natur machte Schubert zum größten musikalischen Genie, das die Welt je gesehen hat, und hätte sein Leben nur die Vollkommenheit erreicht, hätte er aus seiner emotionalen Quelle vielleicht noch größere Symphonien als die „C-Dur" und die „Unvollendete" geschöpft.

Schubert war praktisch der Begründer des modernen Liedes, das für die Menschheit ein großer Trost war und immer sein wird. Es ist gleichzeitig das praktischste und am leichtesten verständliche Mittel, den musikalischen

Instinkt in Sympathie mit dem Geist zu erziehen, der komplexere Formen durchdringt. Die dazugehörigen Texte machen ihre musikalische Bedeutung deutlich, und die Wertschätzung einer wirklich guten Komposition versetzt uns in eine Perspektive, von der aus wir andere besser verstehen können. Schubert benötigte das Lied als Ausdruck für seine lyrische Produktivität und schrieb zwölfhundert davon ohne Redundanzen und mit stets eindeutiger und herausragender Bedeutung.

Kaminform ihre schönsten Ideen umgesetzt , aber obwohl einige leidenschaftlicher gesungen haben und andere ihre Melodien in reichere Fassungen gebracht haben, war niemand so durchweg adäquat wie Franz Schubert. Schumann, Franz und Jensen erfreuen uns immer und erwecken uns durch die Schönheit und Anpassungsfähigkeit ihrer Liedvorstellungen oft zum Staunen, doch Schuberts Lieder drücken nicht Stimmungen und Gefühle aus, sie verkörpern sie. Sein Melodiefluss war so frisch und kraftvoll, dass er in Instrumentalkompositionen oft eine ungewöhnliche Länge erreichte. Die Deutschen nennen seine C-Dur-Symphonie „Die Symphonie von himmlischer Länge". Dieser Satz beschreibt das Werk recht treffend, denn eine Vorstellung von seinen Proportionen und von der Qualität, die verhindert, dass sie unzulässig sind, wird beides durch das verwendete ausdrucksstarke Adjektiv zum Ausdruck gebracht: „Schubert wurde kaum erwachsen, aber er spendete so ungetrübte Wohltaten wie sein Name." wird für immer in den Herzen derer verankert sein, die reine Musik lieben.

Während dieser ganzen Zeit hatte die Kultur große Fortschritte gemacht, und ein umfassender Blick hätte gezeigt, dass zur Zeit von Schuberts Tod ganz Europa von musikalischer Begeisterung überflutet war . Orchester wurden vermehrt und verbessert, große Chororganisationen wurden gegründet und unter der Schirmherrschaft verschiedener Regierungen Institutionen zur Ausbildung musikalischer Aspiranten gegründet.

Aus diesem Zustand erwachsen zwei helle Lichter, die unsere Aufmerksamkeit auf Kantor Bachs alte Heimat als Zentrum seines Einflusses lenken. Unser Entwicklungsstrom, der als Rinnsal aus Flandern kam, wurde bald zu einem mächtigen Fluss und ist nun über die Ufer getreten und hat ein großes Meer der Kultur gebildet.

Mendelssohn war einer der liebenswürdigsten Charaktere, die wir in den Annalen der Musik finden. Seine Erziehung und sein Temperament ließen ihn die angemessene Anpassung der Mittel zur Verwirklichung seiner Pläne beinahe intuitiv begreifen; doch seine Konzepte selbst, obwohl ausnahmslos rund und poetisch, lassen gewöhnlich die kühnen Linien und die tiefe Bedeutung vermissen, die die Schöpfungen unserer Hohepriester auszeichnen. Menschliche Charaktere scheinen wie Waldbäume den harten Winden ausgesetzt sein zu müssen, die, wenn sie erfolgreich überstanden werden, nur ihre Fasern stärken und den Boden um ihre Wurzeln lockern, sodass sie sich ausbreiten und nach unten zu neuen und tieferen Impulsquellen vordringen können. Es kann sein, dass Mendelssohns Lebensbedingungen zu friedlich waren, dass er zu sehr vor Sorgen und Widrigkeiten geschützt war, um die Tiefe und Vornehmheit seiner Natur voll zu entwickeln, die in einigen Teilen von „Sankt Paulus" und „Elias" aufblitzt und die „Walpurgisnacht" durchdringt.

Sein fröhliches Gemüt fand seinen charakteristischsten Ausdruck in unnachahmlichen Scherzi und Werken dieser weniger emotionalen Klasse. Mendelssohns eleganter Stil, sein Farbenreichtum und seine Persönlichkeit lösten eine Welle der Nachahmung in der gesamten Musikproduktion aus, die jedoch bald nachließ, denn nur die robustesten Methoden ertragen die Verwässerung, die durch die Übernahme durch geringere Talente entsteht, ohne zu fader Schwäche zu verkommen. Mendelssohns größter Verdienst für die Musikwelt war sein beharrliches Eintreten für Bach.

Schumann, unser fünfter Hohepriester, musste sich den Schwierigkeiten des Lebens auf freiem Feld stellen, da er weder soziale noch finanzielle Schutzwälle hatte, hinter denen er die „Pfeile des unverschämten Schicksals" ignorieren konnte. Sein Weg war mit Dornen übersät und bis kurz vor seinem Ende von Anerkennung verschont geblieben. Schumann war kein so vollendeter Meister des Kontrapunkts wie Mendelssohn, aber seine stärkere Individualität und tiefere Sensibilität erfüllten seine Phantasien mit epochalen Qualitäten. Unsere Kunst hatte im letzten Vierteljahrhundert an Intensität gewonnen, mehr Freiheit in der Stimmführung und schließlich eine klar definierte romantische Ader.

SCHUMANN

Mit freundlicher Genehmigung von EH Schroeder, Berlin

Die ersten beiden appellierten stark an Schumanns Natur, wie aus seinen Schriften hervorgeht, denn die Bilder seiner Vorstellungen sind keine friedlichen pastoralen Szenen, sondern zeigen Stürme der Leidenschaft und emotionale Kämpfe. Manchmal zeigt sich Romantik, aber sie ist kein charakteristisches Element. Schumann hat vier Sinfonien geschrieben, von denen die zuletzt gehörte immer die beste ist. Sie zählen zu den wenigen unsterblichen Werken dieser epischen Form, aber allein aufgrund des individuellen Charakters ihrer Schemata und des Reichtums ihrer musikalischen Textur, denn ihre instrumentalen Farben sind nicht ausreichend. Ihm gelang die Ensemble-, Chor- und Piano-Forte-Musik gleichermaßen gut, und seine Lieder konkurrieren fast mit denen von Schubert, aber seltsamerweise scheint das Orchester für unseren fünften Hohepriester ein Buch mit sieben Siegeln gewesen zu sein.

Schumann hatte in seiner Ungeduld, die Schwäche seines vierten oder Ringfingers zu überwinden, ein mechanisches Gerät verwendet, das seine Hände dauerhaft lahmlegte und damit seine Hoffnungen, ein Klaviervirtuose zu werden, zunichte machte. Dies ist der einzige bekannte Fall, in dem gewaltsame Methoden wünschenswerte Ergebnisse hervorbrachten; denn normalerweise betäuben sie nur die Nerven und führen zu Kraft ohne Leichtigkeit und Ton ohne Schönheit; mit anderen Worten zu hölzernen Pianisten. In diesem Fall führten sie zu völliger Behinderung und zwangen Schumann in seine eigentliche Sphäre – die Schöpfung –, in der er dauerhaftes Gutes vollbrachte, während die Vorteile selbst der höchsten Virtuosität für die Kunst vergleichsweise flüchtig sind.

Seine Liebe zum Klavier veranlasste ihn dazu, dessen Möglichkeiten und Grenzen eingehend zu studieren. Mit der Folge, dass seine Kompositionen für dieses Instrument den Fingern und Ohren der Pianisten mehr Freude bereiten als die jedes anderen klassischen Komponisten.

Schumanns Musik ist komplexer als die von Beethoven oder Schubert, und seine rastlose Leidenschaft fand Ausdruck in gebrochenen Rhythmen und dissonanten Verbindungen, die, so sehr sie uns auch auf den ersten Blick beeindrucken mögen, bei näherer Vertrautheit eine natürliche und tiefe Bedeutung gewinnen. Er war der erste Komponist, der die immensen, ausdrucksstarken Ressourcen des Rhythmus spürte und anwandte.

Schumanns Quintett für Streicher und Pianoforte ist eines der großartigsten Stücke der Ensemblemusik, die jemals geschrieben wurden, und sein Klavierkonzert in a-Moll ist meiner Meinung nach konkurrenzlos. Von seinen Liedern ist der Zyklus „Frauen Liebe und Leben“ , wenn man die

Zahlen einzeln betrachtet und dann in ihrer jeweiligen Beziehung zu seiner wunderbar abgerundeten Vorstellung von Weiblichkeit betrachtet, der bemerkenswerteste, obwohl die „Dichter Liebe“ voller Juwelen ist. und die „Frühlingsnacht“ ist ein Bild, das eher an einen Zauberstab als an einen menschlichen Intellekt erinnert.

Unser fünfter Hohepriester war nicht nur Musiker; er war auch Philosoph und der fähigste Kritiker, den die Musikwelt je gesehen hat. Er war so vielseitig, dass er sowohl großzügig als auch gerecht sein konnte, wie seine Lobeshymnen auf seinen Rivalen Mendelssohn zeigten. Er schätzte Wagners gröbere Phase richtig ein und wäre zweifellos ein Anhänger des neuen Glaubens geworden, wenn er dessen reifere Früchte erlebt hätte; denn er war immer empfänglich für Manifestationen echter schöpferischer Fähigkeiten und logischen Denkens.

Die Betrachtung Wagners, des sechsten in der Reihe, bedeutet, ein etwas neues Gebiet zu betreten, und sie wird so viel Platz erfordern, dass ich ihm, seinen Formen und seinen Methoden ein eigenes Kapitel geben werde. Bevor wir diese Aufgabe in Angriff nehmen , wäre es vielleicht sinnvoll, einige der Nebeneinflüsse zu untersuchen, die, nebenläufigen Linien folgend, dazu beigetragen haben, die Flut der Musikkultur anzuschwellen. Es wird die Verwirklichung dieses Ziels erleichtern, die Errungenschaften jeder Nation einzeln zu untersuchen und nur solche Personen und Ereignisse zu erwähnen, die aktiv zur Förderung der Sache beigetragen haben.

Frankreich zeigte zu Beginn seiner zweiten Ära ein sehr ausgeprägtes Interesse an Musik, aber seine guten Absichten ließen mehrere Jahrhunderte auf sich warten. Die Gründung einer Musikakademie in Paris (1672) war das erste wirklich bemerkenswerte Ereignis in der Geschichte der französischen Musik. Tulli, der erste Direktor, war ein sehr fähiger Mann. Er schrieb Opern, die auf Französisch gesungen wurden, und er schuf die Puppe, aus der später unsere Symphonie entstand.

Obwohl die nächsten hundert Jahre keine großen Männer hervorbrachten, war Paris am Ende dieser Zeit für Meister wie Gluck, Cherubini und Piccini attraktiv und sympathisch geworden. Dies zeigt, dass sie eine Generation intelligenter Zuhörer und zumindest einen Teil der für die Aufführung einer großen Oper notwendigen Darsteller ausgebildet hatte.

Im Jahr 1795 wurde das Konservatorium gegründet, ein Ereignis, das den Beginn dieser ernsthaften, organisierten Bemühungen markierte, die der Welt so viele seltene Instrumentalisten und Sänger beschert haben. Die Finesse der französischen Schule ist köstlich, wenn sie mit ausreichender intellektueller Breite angewendet wird, um zu verhindern, dass sie finster wird. Frankreich hat auch unzählige Komponisten hervorgebracht, aber nur wenige haben es zu mehr als vorübergehendem Ruhm gebracht. Ihre Leute sind schnell in ihren Wahrnehmungen und geschickt und anmutig in allem, was mit der Ästhetik zu tun hat . Sie sind begeisterte Liebhaber solcher Musik, bei der sie nicht ernsthaft nachdenken müssen, während sie ihr folgen, aber sie sind emotional unbeständig.

Berlioz ist der einzige französische Komponist, der dem Druck dieses Umfelds erfolgreich widerstanden hat. Er war von strengem Holz und folgte den Eingebungen seiner Muse ohne zu zögern, obwohl sie oft Kurse und Methoden diktierte, die einen sofortigen Erfolg beim Publikum ausschlossen. In seiner Requiem-Messe, die für einen zufälligen Betrachter der Partitur bizarr wirkt, nutzt er alle ausführenden Kräfte, ein riesiges Orchester mit allem möglichen Zubehör, Hilfsbläserkorps, Chor und *Soli* , mit so viel Wertschätzung für die individuelle Qualität und ein so untrügliches Urteil über die angemessene Rolle jeder Qualität im großen Ensemble, dass die von ihm erzielten Effekte nicht nur die Kritik entwaffnen, sondern einen mit Ehrfurcht erfüllen. Wenn wir Berlioz' Werke jedoch genau unter die Lupe nehmen, stellen wir fest, dass er eher ein Rubens als ein Rembrandt war, denn während seine Diktion oft eher unregelmäßig als sequenziell war, war sein Gespür für Klangfarben so ausgeprägt, dass er ihn dazu veranlasste, die eigentliche Bewegung einzuleiten noch in Arbeit, um die Musik von schädlichen *Unisono*- Verstärkungen zu befreien.

Von den anderen bedeutenden französischen Komponisten ist Gounod wunderbar melodisch, aber zu süß, um ganz und gar gesund zu sein, und Saint-Saëns (Halbdeutscher in Instinkt und Art) ist ein phänomenaler Meister der Instrumentierung und sehr einfallsreich, aber man ist selten davon überzeugt, dass seine Kompositionen aus emotionalen Keimen entstanden sind. Massenet, Bizet und andere haben bezaubernde Musik geschrieben oder schreiben sie gerade, aber sie hat wenig Substanz. Ihr Charme neigt dazu, zu überschäumen, wie die Emotionen des Pariser Publikums. Die Franzosen scheinen ihre ganze Ernsthaftigkeit den greifbareren Künsten und der Wissenschaft aufzusparen , zu denen sie ihren vollen Beitrag geleistet haben.

Englands musikalische Karriere war einzigartig. Die Menschen dieser gemütlichen kleinen Insel jenseits des Kanals sollten ein begeistertes, glückliches Volk sein, denn die Natur hat ihr Land mit Fruchtbarkeit und Schönheit ausgestattet, und Jahrhunderte geschickter Kultivierung haben diese Tugenden verstärkt, bis Albions ländliche Schönheit heute unerreicht ist. Sie haben außergewöhnlich reiche Traditionen, ihre Waffengewalt und ihre Errungenschaften in Literatur, Wissenschaft, bildender Kunst und Industrie liefern reichlich Anlass für ihren Nationalstolz, aber es ist schade, dass ihre Segnungen sie nicht demonstrativer gemacht haben, denn stoische Selbstzufriedenheit ist kein guter Boden, auf dem eine emotionale Kunst wachsen kann. Aus diesem Grund hat die englische Kompositionskunst, die im 16. Jahrhundert mit der Erfindung des Madrigals so beispiellos gut begann, das Versprechen, das dieses Ereignis implizierte, nicht erfüllt.

Die Engländer sind eine robuste Rasse, und ihr Klima und ihre Vergnügungen im Freien haben ihren Stimmen ungewöhnlich sanfte und melodische Qualitäten verliehen. Es ist daher ganz natürlich, dass sich ihre musikalische Tätigkeit weitgehend auf den Chorgesang konzentrierte , den sie besonders klangvoll und künstlerisch adäquat gestalten.

Diese Chorvirtuosität ist keine neue Entwicklung, denn sie zog Händel im 18. Jahrhundert an. Es wurde auch von Mendelssohn erkannt. Diese Liebe zum Lied wurde maßgeblich von der etablierten Kirche gefördert, deren aufwändige Dienste den Komponisten sowohl Ansporn als auch Ventil boten. Die meisten Chorwerke Englands sind würdevoll und sanft, aber es mangelt ihnen an Intensität.

Es gibt ein Element im englischen (und amerikanischen) Musikleben, dessen böser Einfluss kaum überschätzt werden kann: die Volksballade. In ihr werden die besten lyrischen Texte jeder Sprache mit musikalischen Konzeptionen verknüpft, die normalerweise so frei von künstlerischen Qualitäten und Bedeutung sind, dass sie von niemandem, der auch nur ein bisschen musikalisch ist, ertragen würden, wenn nicht die Kunst des Dichters, die sie entweihen, ihren Schwachsinn mit einem Heiligenschein umhüllt.

In den skandinavischen Ländern sowie in Russland, Polen und Ungarn, die alle über einen eigenen Schatz an Volksliedern und romantischen Traditionen verfügen, ist im Laufe dieses Jahrhunderts eine große musikalische Aktivität zu beobachten gewesen, und jedes dieser Länder hat einen oder mehrere Komponisten hervorgebracht, die die Entwicklung der Kunst geprägt haben.

Die erstgenannten haben uns Svendsen, Grieg und Hamerik beschert, ganz zu schweigen von dem künstlerischen, aber weniger unerschütterlichen Gade mit seinen seltsamen und manchmal grotesken Rhythmen , melodischen Konturen und Harmonien. Die Sensation, die diese skandinavischen Liedmerkmale auslösten, als sie erstmals der Außenwelt bekannt wurden, veranlasste diese talentierten Männer, sie in ihre Kunst zu integrieren. Das war ein Fehler, denn große Musik ist so breit wie das Universum, während die Ader des Nationalliedes schmal und nur begrenzt fruchtbar ist. Wäre Svendsen von dieser nordischen Pikanterie verschont geblieben, hätte er sich möglicherweise in die Robe eines Hohepriesters kleiden können, denn er war von höchster Begabung und sein Debüt als Komponist war erstaunlich brillant.

Der russische Musiktyp ist weniger ausgeprägt als der skandinavische. Seine Produzenten haben sich daher kosmopolitisch entwickelt. Tschaikowski , der ohne jeden Vergleich der begabteste Komponist war, den Russland der Welt geschenkt hat, kann im Lauf der Zeit als natürlicher Erbe unserer Priesterlinie anerkannt werden . Seine emotionale Kraft, seine klare Individualität (Originalität), sein feines Gespür für rhythmische Werte und Farbkombinationen und seine unerschöpfliche lyrische Erfindungsgabe stellen ihn an die Spitze der Symphoniker seiner Zeit.

Ein Ereignis, das dem Zarenreich Ehre machte, war die Geburt des Giganten aller Pianisten, Anton Rubinstein, innerhalb seiner Grenzen. Ich spreche von ihm eher als Pianist denn als Komponist, denn obwohl er oft ungewöhnliche kreative Fähigkeiten bewies, war er zu unkonventionell und konzentrierte seine Tonsprache selten auf eine so kohärente Kraft, dass seine Kompositionen mit seinem Spiel vergleichbar gewesen wären.

Polen hat uns Chopin geschenkt, der die einzige Ausnahme von den Regeln darstellt, nach denen ich versucht habe, die aufeinander folgenden Stadien der musikalischen Entwicklung nachzuzeichnen. Alle anderen Komponisten haben ererbte Formen und Mittel übernommen und sie in Gestalten gegossen , die dem Geist ihrer individuellen Vorstellungen entsprachen, und selbst diese Vorstellungen waren in erheblichem Maße Spiegelbilder ihrer Umgebung. Beethoven war ein gewaltiges Genie, aber er schuf keinen Kunsttyp und war daher im weitesten Sinne nicht originell, wohingegen Chopin dies im Grunde war, da seine Werke keiner Schule und selten auch keiner Nationalität verpflichtet zu sein schienen, sondern nur seiner poetischen Seele, deren legitimer Abkömmling sie waren.

Seine Phantasien sind manchmal eher anmutig als stark; sie grenzen sogar hin und wieder ans Sentimentale; Chopin hat also keinen Anspruch auf einen Platz unter den Giganten, obwohl er die Komposition für Klavier revolutionierte und einige so schöne Stücke schrieb, dass sie immer wieder neues Staunen hervorrufen. Die kleine Form schien seinem spontanen Stil am besten zu entsprechen; daher repräsentieren Op. 10 und Op. 25 sowie die Präludien zweifellos Chopins Individualität besser als jedes andere seiner Werke.

Franz Liszt wurde in Ungarn geboren und nutzte in seinen weniger ernsten Momenten die zigeunerartigen Rhythmen, Wendungen und krampfhaften Äußerungen ihrer Nationalmusik. Zu anderen Zeiten schrieb er universelle Musik, die er dadurch charakterisierte, dass er ihr seine eigene reiche Individualität einhauchte. Der Abbé Doctor wurde dadurch gefeierter und weniger verwöhnt als jeder erfolgreiche Künstler der Neuzeit. Er führte von der Jugend bis ins hohe Alter ein Leben voller Triumphe und bewahrte dabei eine schlichte Bescheidenheit, ein Interesse an neuen Talenten und Errungenschaften sowie eine unbeschreibliche intellektuelle Faszination.

Nichts bereitete Liszt mehr Freude, als einem Talent Ratschläge zu erteilen oder seinen Einfluss zugunsten eines Talents zu nutzen, das um die Klärung seiner eigenen Vorstellungen kämpfte oder auf der Suche nach unerlässlicher Publizität war. Zu seinen Schützlingen zählen viele Weltrekordhalter wie Raff, Bülow, Tausig und Wagner. Ohne „Meister" Liszts frühe Wahrnehmung von Wagners damals noch unentwickeltem Genie hätten wir keinen sechsten Oberpriester und keine Bayreuther Festspiele aufnehmen müssen.

Amerika ist erst seit kurzem auf der Liste, denn die Bedingungen, die eine neue Zivilisation mit sich bringt, machen künstlerische Errungenschaften unmöglich. Die Bedingungen in unserem Land waren ausgesprochen schlecht und man gab den Anforderungen der Kunst widerwillig nach. Die religiöse Bigotterie eines großen Teils derjenigen, die zum ersten Mal nach Amerika kamen und Gewissensfreiheit suchten (für diejenigen, die so dachten und glaubten, wie sie dachten und glaubten), war für den künstlerischen Impuls tödlich. Sie betrachteten jede Musik, die nicht auf heiligen Texten beruhte, als eine Frivolität, die ihre Seele gefährden würde, und ließen bei der Auswahl der von ihnen verwendeten Musik wenig Urteilsvermögen an den Tag legen. Diese enge Sicht auf unsere Kunst verzögerte das Aufkommen der musikalischen Intelligenz erheblich und rief eine Art „Psalmschläger " ins Leben, die durch unangemessene Adaptionen weltlicher Melodien und schlimmere Kompositionsversuche sowohl die Musik als auch die Dienste von Psalmen entwürdigten die Kirche und untergrub die Lebenskraft der Kunstrichtung, als sie sich zum ersten Mal manifestierte. In Amerika gibt es immer noch einige dieser Vampire, aber der Tag der Kunst bricht über unser Land herein und diese Kreaturen der Dunkelheit werden bald verschwinden.

Unser Fortschritt war zunächst langsam, aber es gab keine Rückschritte, und in den letzten fünfzig Jahren erlebten wir einen magischen Fortschritt in der allgemeinen Intelligenz und in der kreativen Fähigkeit.

Bevor ich dieses Kapitel abschließe , muss ich nach Deutschland zurückkehren und einige der Nebenquellen seiner gegenwärtigen Vorherrschaft aufspüren.

Der Name „Robert Franz", den ein schüchterner junger Musiker vor Jahren als sein *Pseudonym* annahm , entstand aus der Kombination der Vornamen seiner idealen Tondichter Schumann und Schubert. Sein Erfolg stellte sich sofort ein und er identifizierte sich bald so sehr mit diesem Namen, dass sein eigener fast nicht mehr verwendet wurde. Robert Franz war ein reiner Lyriker, und seine Lieder stehen kaum hinter denen seiner großen Vorbilder zurück. Er trug dazu bei, den Geist des Liedes aufrechtzuerhalten und würdigte die Welt durch seine Bach-Forschung.

Raff war ein Mann von erstaunlicher Routine und nicht weniger erstaunlichen Unterschieden in der Qualität. Einige seiner Symphonien sind voll sinnlicher Melodien und frischer harmonischer, kontrapunktischer und instrumentaler Farben, während andere unfassbar langweilig sind. „Leonora" und „ Im Walde" zeigen Raff in Höchstform und sie sind so kraftvoll und schön, dass sie den Namen ihres Schöpfers noch viele Jahre lang in der Musikwelt bekannt machen werden . Niemand kann vorhersagen, wie lange Raffs Beherrschung von Methoden und Formen einen heilsamen Einfluss auf Komponisten ausüben wird.

Schumann war Brahms' musikalischer Pate und sagte der Entwicklung des Talents seines Patensohns große Erfolge voraus. Es gibt viele Meinungsverschiedenheiten darüber, ob Schumanns Prophezeiung sich erfüllt hat, aber viele fähige Kritiker sind auf der positiven Seite. Brahms hat zumindest in einer Hinsicht den Besitz absolut großartiger Qualitäten bewiesen – nämlich, dass seine Produktivität die Vitalität seiner Konzepte nicht erschöpfte, sondern steigerte. Er war ein Künstler, mit dem zukünftige Generationen zu tun haben werden, aber er war kein Epochenmacher.

KAPITEL V
WAGNER UND DAS MUSIKADRAMA

Es ist völlig angemessen, Richard Wagner ein Kapitel zu widmen, denn seine späteren Werke sind nicht nur Beispiele für den geschicktesten und zielgerichtetesten Einsatz der kontrapunktischen und instrumentalen Ressourcen, die er, wie seine Zeitgenossen, aus der Vergangenheit geerbt hat, sondern sie zeigen es auch wie kühnes Genie seine Ziele sicher jenseits ausgetretener Pfade in unerforschte Bereiche des Klangausdrucks verfolgen kann.

Warum kann ein Genie dies tun, was für die weniger Begabten so durchweg tödlich ist? Dies liegt an seinem umfassenden Verständnis logischer Abläufe und seiner intuitiven Wahl anpassbarer Mittel.

Reifes Genie ist ein bestimmtes Talent , das einer erschöpfenden Disziplin unterzogen wurde, das mit Traditionen vertraut ist und pedantische Formen voll zur Kenntnis nimmt, sich aber von einem Kunstgefühl leiten lässt, das durch dieses Wissen erzeugt wird, und nicht durch das Wissen selbst.

Es folgt seinen eigenen Gesetzen. Es konzipiert ein Bild, ein Gedicht oder eine musikalische Empfindung und teilt es uns mit Mitteln mit, die oft ebenso ungewohnt sind wie die Wirkung des gesamten Originals. Denn es vermeidet gewöhnlich die Furchen ausgetretener Pfade, und seine klare Sicht auf das objektive Ziel ermöglicht es ihm, den weniger frequentierten Pfaden entlang von Flüssen oder auf Berggipfeln zu folgen.

Wagner war in den letzten dreißig Jahren seines Lebens ein reifes Genie. Er war der sechste unserer musikalischen Hohepriester und erfüllte den Tempel der Kunst mit einem charakteristischen Gesangsduft, der seine Atmosphäre durchdringen wird, solange menschliche Leidenschaften weiterhin Impulse für die Kunst liefern.

Es gibt eine Klasse von Pedanten, die Wagners Musik immer noch als künstlich bezeichnen; Aber diese kurzsichtigen Kritiker können oder wollen das Feld seiner Tätigkeit und ihre Früchte nicht richtig überblicken. Ohne den Antrieb durch natürliches, sequenzielles Gefühl und männliche Vorstellungskraft könnte kein menschlicher Geist auch nur eines seiner späteren Dramen schreiben, ohne vielfältige Schwächen in Redundanzen und Bedeutungsverlusten zu zeigen. Die Tatsache, dass Wagners Werke, von den „Meistersingern“ an, wenn überhaupt, nur wenige derart dürre Momente aufweisen, beweist hinreichend, dass sie aus musikalischen Keimen heraus entstanden sind.

Ein großer Schöpfer regt immer eine große Anzahl kleinerer Lichter an, seine Methoden nachzuahmen, aber nur wenige von ihnen tun dies erfolgreich. Wagner ist jedoch nicht für die vagen Wirkungen seiner dramatischen Mittel verantwortlich, wenn sie in Wagner- Ouvertüren und symphonische Dichtungen verpflanzt werden. Er entwickelte Situationen, die diese Mittel legitim und bedeutsam machten; Isoliert verfallen sie in bizarre Künstlichkeit. Auch wenn wir von den Elementen, die Wagner zu den tonalen Ressourcen hinzufügte, unweigerlich beeinflusst werden, müssen sie, wie alle anderen Elemente auch, angewendet werden, weil sie sich am besten an die Entwicklung des vorliegenden musikalischen Schemas anpassen lassen, und nicht wegen ihrer Neuheit.

„Ein Prophet ist nur in seinem eigenen Land ohne Ehre." Dies wurde eindrucksvoll durch die Einstellung des professionellen Leipzigers gegenüber Wagner in den frühen Phasen seiner Karriere veranschaulicht. Leipzig galt damals von der Außenwelt als das musikalische Zentrum des Universums, als Mekka mit magischem Balsam, gespendet von einer Priesterschaft, deren Mahomet Mendelssohn war.

Die Stadt war seit der ersten Hälfte des 15. Jahrhunderts ein bedeutender Bildungsstandort, hatte Bach als Kantor ihrer „Thomasschule" besessen, hatte über viele Jahre hinweg ihre „Gewandhaus"-Konzerte unterhalten und war der der größte aller Buch- und Musikmärkte.

Diese Umstände führten dazu, dass Leipzig auf der Weltkarte als markantes Relief hervortrat, aber es bedurfte der Anziehungskraft Mendelssohns, um seine Anziehungskraft unwiderstehlich zu machen.

Zur damaligen Fakultät des Konservatoriums gehörten die bedeutendsten in Leipzig beheimateten Musiker, denn die Stadt war zu klein, um Anhänger solcher gegensätzlichen Parteien oder Gruppierungen zu bieten, wie sie in größeren Städten existieren. Mendelssohn hatte seine Truppen mit gezielter Rücksicht auf die Harmonie rekrutiert, aber ihr Glaubensbekenntnis, obwohl Bach zu Recht als Grundstein des musikalischen Glaubens angesehen wurde, war in seinen Grundsätzen zu eng, um diejenigen zur Gemeinschaft zuzulassen, deren Fantasie sie über den Bereich des Traditionellen hinausführte Formen . Sie waren sogar Schumann gegenüber lauwarm, der unter ihnen gelebt hatte, eine Epoche geschaffen hatte [A] und Schätze zur Musikliteratur beigesteuert hatte, die so brillant vor Genialität waren, dass sie, wenn sich die Nebel der Vorurteile lichten, alle zeitgenössischen Produktionen für immer in den Schatten stellen werden die verschiedenen Formen, denen sie folgten. Die raue Kühnheit der Originalität war in der Wertschätzung des Leipziger Pädagogen nur ein Ausdruck grober Ignoranz. Wer Schumanns großes, klopfendes Herz in seinen Schriften nicht erkennen konnte oder wollte, weil er sich beim Ausdruck seiner Individualität nicht immer an vorgeschriebene Formeln hielt , hätte Wagner natürlich abgelehnt, denn seine früheren Werke waren nicht in klassische Formen gegossen .

Diejenigen von Wagners Schöpfungen, die vor 1860 der Öffentlichkeit zugänglich gemacht wurden, zeichneten sich durch wenige Abweichungen von Weber und Meyerbeer im Schema aus. Allerdings waren die Wagner-Harmonien für den Leipziger Kritiker zu stark, aber das Publikum strömte herbei, um sie zu hören, und war zufrieden.

Originelle Ideen finden oft erste Anerkennung bei Laien, weil musikalische Leiter so von Pedanterie durchdrungen sind, dass der Funke des Genies sie nicht so schnell zur Begeisterung entfachen kann.

1862 machten die Gewandhausdirektoren ein großes Zugeständnis: Sie luden Richard Wagner ein, seine „ Tannhäuser-Ouvertüre " bei einem ihrer Konzerte zu dirigieren. Das war ein fataler Fehler, denn sein Triumph war vollkommen, und ihr Einfluss als Gegner der „Musik der Zukunft" war entsprechend geschwächt. Ich habe Leipzig so ausführlich besprochen, nicht weil es Wagners Geburtsort war, sondern weil von dieser Stadt mit all ihrer Intoleranz und Kleinheit der einzige kurze Weg zum Erfolg ausging. Leipzigs Unterstützung war ein allgemein akzeptiertes Gutachten.

Wagner hatte diesen direkten Weg versperrt gefunden, und seine Irrwege, Hindernisse zu überwinden oder zu umgehen, dauerten viele Jahre, aber sein Glaube blieb unerschütterlich, und er erreichte das Ziel seiner Ambitionen als weitaus stärkerer Mann aufgrund der überwundenen Schwierigkeiten. Sein Auftritt im Gewandhaus war nur eine Station auf seinem Weg zu bereits sicherem Erfolg und nicht sein Ausgangspunkt.

Wagner empfand die Oper als eine Abfolge von Solo-, Ensemble- und Chorstücken, deren Handlung oft zu dünn ist, um einen Zusammenhang herzustellen.

Texte wurden der Musik untergeordnet, und dies wiederum der Bequemlichkeit und dem Ehrgeiz des Sängers, seine Werke zur Schau zu stellen. Opern wurden bereits im 13. Jahrhundert geschrieben, aber Cherubini war der erste Italiener und Gluck der erste Deutsche, der Werke schuf, die bis heute erhalten sind. Auf Cherubini folgte Rossini, ein genialer Mann, der jedoch zu träge war, um seine Begabung voll zu entfalten. Hätte man seine schönen, sinnlichen Melodien in reichere Arrangements gebracht und wäre seiner Spontaneität mehr ernsthaftes Denken hinzugefügt worden, hätten seine Opern ihren Platz unter den unsterblichen Schöpfungen eingenommen.

Geniale Einfälle ermüden irgendwann. Es ist das stetige Licht des Genies, genährt von Wissen und Ernsthaftigkeit (wie bei Beethoven, Schubert und Schumann), das die Aufmerksamkeit der Welt auf ruhige, das heißt ewige Weise fesseln kann.

Bellini mit „Norma“ und „ Sonnambula “ und Donizetti mit „Lucia di Lammermoor“ und „Lucretia Borgia“ haben noch immer einen Platz auf der Opernbühne, aber ihr Einfluss lässt nach. Verdi war der am besten ausgestattete italienische Opernkomponist, und sein „Trovatore“ mit seinen seltenen Juwelen wird sein Andenken bis ans Ende der musikalischen Zeit krönen. Seine späteren Werke „Aida“, „Othello“ und „Falstaff“, die unter dem Einfluss der Wagner-Zeit geschrieben wurden, unterscheiden sich in der Instrumentierung und in der Behandlung der Themen stark von seinen früheren Opern. In ihnen ist er logischer und kraftvoller, aber weniger sinnlich. Sie sind die ersten Beispiele italienischer Musik in ausländischem Gewand; italienischer Musik, die unter dem Druck von außen geschrieben wurde. Bis vor kurzem war es Italiens Domäne, Einfluss auf die Musikwelt auszuüben. Ich interpretiere Verdis Zugeständnisse an Wagner als die stärkste mögliche Billigung der Ideen des letzteren. Kein anderer Komponist war in der Lage, Wagners kraftvolles und weitreichendes Kunstempfinden so zu würdigen.

Die italienischen Komponisten der neuen Schule sind musikalische Räuber, denen es für kurze Zeit gelang, der Musikwelt Tribut zu zollen. Ihr Anführer Mascagni unternahm mit seiner „Cavalleria Rusticana“ einen so aufsehenerregenden Raubzug, dass das junge Italien in die Bresche sprang, die er geschlagen hatte, und offenbar dachte, es könne unseren Tempel in Besitz nehmen, ungeachtet des Mangels an Ausrüstung und Disziplin. Obwohl seit diesem Angriff auf die Kunst erst wenige Jahre vergangen sind, sind seine Episoden bereits in das Reich der beunruhigenden Erinnerungen verbannt worden.

„Cavalleria Rusticana“, das erste und beste seiner Klasse, hat einige Vorzüge; es ist kurz, melodisch und dramatisch, aber seine Melodien sind oft sentimental und seine dramatischen Punkte werden normalerweise durch den kühnen Einsatz grober Mittel vermittelt. Der direkte Einfluss dieses Werks und seiner Rezeption hat sich zum Schaden der Kunst verschworen.

Gluck war ein Germane, und obwohl er in Italien erzogen und von Frankreich adoptiert wurde, kann er mit Fug und Recht als Vater der deutschen Oper bezeichnet werden. Seine „Iphigenie auf Tauris“ und „Orpheus und Eurydike“ werden immer als klassische Vorbilder der Lyrik gelten. Glucks Kompositionsschemata unterschieden sich kaum von denen der italienischen Schule, aber seine harmonischen und instrumentalen Methoden waren deutsch.

Mozart war eine phänomenale Kombination von Widersprüchen. Seine Routine und sein kreatives Genie waren von höchster Güte, seine Spontaneität und Vollkommenheit machen seine Musik für Amateure und Musiker gleichermaßen entzückend, aber er scheint die Dinge selten ernst zu nehmen. „Don Juan", das „Requiem" und seine Streichquartette sind Ausnahmen, denn in diesen ist er ernsthaft und wird seinem Genie voll gerecht.

Beethoven hat uns „Fidelio" geschenkt. Auch er war mit Mozart begabt, wurde aber in dem, was er tat, von ernsthaftem, tiefem Gefühl angetrieben. Obwohl „Fidelio" auf den alten und jetzt verworfenen Linien aufgebaut ist, wird es (musikalisch) erst den zweiten Platz einnehmen, wenn ein Genie auftaucht, das in der Lage ist, Sinfonien zu schreiben, die Beethovens neun ersetzen. In „Fidelio" haben wir immer noch eine Reihe klar definierter Stücke, aber sie sind reich an Harmonisierung und Polyphonie.

Weber hinterließ einen großen Eindruck auf die Oper. Sein kühner Einsatz des Orchesters und der Modulation eröffnete neue Möglichkeiten, und es ist fraglich, ob die moderne deutsche Oper das geworden wäre, was sie ist, wenn Weber nicht gelebt hätte. Er war mit einem unerschöpflichen Vorrat an Melodien begabt, war allen dramatischen Situationen gewachsen, wie anspruchsvoll sie auch waren, und konnte die Gunst des Volkes gewinnen, ohne seine Kunst herabzusetzen – eine sehr seltene Eigenschaft. Weber war zunächst Wagners Vorbild, und „Rienzi" und „Der Fliegende " Holländer " tragen eine deutliche Weber-Prägung.

Meyerbeer war Deutscher, übernahm aber schon früh italienische Methoden. Er war ein ausgezeichneter Geschäftsmann, verfügte über reichlich Mittel und sicherte sich daher schon früh in seiner Karriere die verdiente Anerkennung, anstatt ein Leben fast voller aufgeschobener Hoffnungen zu führen, wie es normalerweise das Schicksal eines guten Musikers ist. Meyerbeer ist melodisch und oft dramatisch, aber im Gegensatz zu Weber schmälert er seine Kunst manchmal, um den Geschmack des Publikums zu treffen. Seine Festspiel- und Ballettmusik sind die charakteristischsten und eindrucksvollsten Merkmale seiner Opern.

Wagner drückte seine Verachtung für Meyerbeer aus, erkannte aber offensichtlich die Erhabenheit der Opernpracht, deren Schöpfer er war. Wir sehen Beweise für diese Phase von Meyerbeers Einfluss, bis wir die „Lohengrin"-Phase hinter uns haben.

Viele andere gute Opern entstanden in der ersten Hälfte dieses Jahrhunderts, aber da sie keine potenziellen Faktoren für die Opernentwicklung waren, werde ich sie nur am Rande erwähnen.

Adam schrieb „Postillion“; Auber, „Fra Diavolo“, „Die Stumme von Portici“ usw.; Flotow, „Martha“ und „Alessandro Stradella “; Hérold , „Zampa“; Kreutzer, „ Nachtlager von Granada“; Lortzing , „Der Waffenschmied “, „Der Zar und Zimmermann“ usw .; Marschner, „Hans Heiling“, „Der Templer und die Jüdin “ und „Der Vampyr “; Nicolai, „Die lustigen Weiber“; Spohr, „Jessonda“ und „Faust“ und Schumann, „Genoveva“. Alle diese Opern werden zumindest gelegentlich noch aufgeführt, und die meisten von ihnen sind hervorragende Musikkompositionen.

Die Situation zu der Zeit, als Wagner erstmals eine ausgeprägte Neigung zum Musikdrama zeigte, war folgende: Gluck hatte der Welt seine beiden großen Werke geschenkt, und sie zusammen mit „Fidelio“, „Don Juan“, „Die Zauberflöte“ „Die Hochzeit des Figaro“, „Der Freischütz “ und „Oberon“ des Deutschen, und „Trovatore“, „Wilhelm Tell“, „Norma“, „Lucia di Lammermoor“, „La Sonnambula “, „Robert le „ Diable “, „Der Prophet“ und „Die Hugenotten “ des Italieners waren die bekanntesten und besten Beispiele des Opernschaffens.

Obwohl die ersten Schritte zur Emanzipation der Oper von Inkonsistenzen eher das Ergebnis von Bedingungen als von Vorsatz waren, verfügte Wagner über genügend Genie, um die Kraft zu würdigen, die der logischen Abfolge innewohnt: eine Kraft, die im Vergleich zu der Kraft, die aus exzentrischen Modi resultiert, wie die Fortschritt der Zeitalter zu dem eines Blattes, das vom Wind getragen wird. Die logische Abfolge schreitet mit unwiderstehlichem Schwung voran, während die fragmentarische Diktion von jedem Wind der Willkür umhergeweht wird.

Der Umstand, der Wagners Konzeptionen am meisten beeinflusste, war seine Beziehung als Dichter zu seinen musikalischen Unternehmungen. Er war in jedem Fall zuerst Dichter und dann Komponist, und nichts hätte natürlicher sein können als seine früh bekundete Neigung, seine Texte vor verzerrten, unzusammenhängenden Wiedergaben zu schützen. Diese Neigung wuchs, als sein Verständnis durch die Erfahrung immer umfassender wurde. Es gab keine Rückschritte in seiner Karriere. Es war wie bei seinen Plänen, die – in der Folge – unerschütterlich von der Idee bis zur vollständigen Verwirklichung in „Parsifal“ und „Tristan und Isolde“ voranschritten.

Wagner besaß den nötigen Mut, ihn trotz Spott, Mangel und fast völliger Freundlosigkeit dabei zu unterstützen, seinen Vorstellungen zu folgen. Keine Entmutigung konnte ihn von dem ausgeglichenen Tenor seines gewählten Kurses abbringen. Seine frühen Opern, obwohl ihre Texte mit ungewohntem Respekt behandelt wurden, gaben kaum einen Hinweis auf die Revolution, die ihr Autor bewirken sollte, und es ist äußerst zweifelhaft, ob Wagner zu dieser Zeit auch nur eine vage Vorstellung von diesem späteren Ideal hatte und Erfahrung entwickelten sich, in der Musik und das Bildelement nicht nur mitwirken sollten, sondern die Situationen und Gefühle seiner Gedichte wiedergeben sollten.

Diese Art der Klangmalerei, bei der der Komponist versucht, seinen musikalischen Phrasen eine bestimmte Bedeutung zu verleihen, ist dann gerechtfertigt und wirkungsvoll, wenn sie in der Aufführung so eng mit dem Motivtext verknüpft ist, dass sie ihre Direktheit aus dessen greifbarerem Charakter bezieht. Solche Bemühungen dürfen nicht der sogenannten Programmmusik zugerechnet werden.

„Der Fliegende „ Holländer ", „Rienzi" und „Tannhäuser" könnten durch die Zusammenarbeit von Weber und Meyerbeer entstanden sein, mit Wagners Individualität als Beigeschmack. In ihnen sind den Stimmen Melodien in klarer Form gegeben, und sie enthalten pompöse Meyerbeerismen Dieser Wagner-Geschmack, der weitgehend aus der Missachtung harmonischer Gesetze und Tonartenbeziehungen bestand, wie sie von der pedantischen Schule vorgegeben wurden, erregte den heftigen Widerstand älterer Musiker. Sie brandmarkten Wagner als verrückten Ignoranten und seine Opern als Abscheulichkeiten.

Aus theoretischer Sicht gab es in Wagners früheren Werken etwas, das seine Kritiker in gewissem Maße rechtfertigte. Er war kein guter Kontrapunktist und verstieß folglich gegen Grundsätze der musikalischen Struktur, bei denen Konformität angemessener gewesen wäre.

Die Beziehungen der plastischen musikalischen Diktion zu den elementaren Regeln der Tonwissenschaft sind so wenig verstanden, und ein klares Verständnis dieser Beziehungen ist so wichtig, dass ich mich berechtigt fühle, in anderer Form zu wiederholen, was in einem früheren Kapitel gesagt wurde , nämlich: , dass die Musiktheorie als Ganzes nur die Kodifizierung der Anpassungen der Natur ist. Außergewöhnliche Anforderungen erlauben außergewöhnliche Mittel und Methoden, aber wenn Komponisten den Buchstaben musikalischer Grundsätze aufgeben und sie durch das höhere Gesetz der Kompensation ersetzen, betreten sie ein Feld, in dem es viele Fallstricke gibt und durch das nichts als ein scharfes Urteilsvermögen, das auf erfahrener Gelehrsamkeit beruht, gelangen kann führe sie sicher.

Dieses Gesetz der Kompensation erlaubt es uns, elementare Gesetze zu missachten, wenn die Natur der vorliegenden Situation es rechtfertigt und unseren musikalischen Sinn mit Kombinationen oder Abfolgen in Einklang bringt, die ohne diese Rechtfertigung grob und fehlerhaft klingen würden.

Die Gewohnheit des sogenannten freien Schreibens ist äußerst schädlich, denn die Kompensation muss jede Unregelmäßigkeit legitimieren, sonst verfallen wir in Inkohärenz.

Wagner war ein standhafter, aber ebenso nachdenklicher Mann, und obwohl er von dem Zyklon der Kritik, den seine Kompositionen hervorriefen, scheinbar unbeeindruckt blieb, erkannte er seine verwundbaren Punkte und machte sich sofort daran, sie zu stärken. Er studierte den Kontrapunkt eingehend, nahm sich Bach als Vorbild und lernte viele der charakteristischsten Werke dieses Meisters auswendig. Dann gab er der Welt „Die Meistersinger“ als Frucht seiner Arbeit und brachte damit ehrliche Kritiker , die ihre ablehnende Kritik auf seine Unwissenheit gestützt hatten, für immer zum Schweigen, denn dieses Werk ist ein erhabenes Beispiel kontrapunktischer Virtuosität und markiert den Beginn eines Neue Ära in Wagners Entwicklung als Musiker . Da seine Orchestersätze mit seinem musikalischen Wachstum Schritt gehalten hatten, gereift und temperiert waren, ist „Die Meistersinger“ eine der schönsten Kompositionen aller Zeiten, und darin finden wir die klare Ankündigung der neuen Heilszeit.

Es wurden Unmengen an Literatur zu den Themen „Die Musik der Zukunft“, „Wagner“ und „Das Musikdrama“ gedruckt, von denen einige über die entsprechende Ausstattung verfügten (gute Musiker und gebildete Männer). aber noch mehr waren literarische Aasfresser. Die erstere Klasse, die seit Wagner zum Zankapfel in Kriegsstimmung ist, beginnt gerade erst, seine Werke leidenschaftslos zu diskutieren. Die meisten von ihnen stellten sich ganz natürlich gegen Wagner, denn der scharfsinnigste Geschmack der Schriften des gebildeten Kritikers ist Pedanterie. Er zieht Traditionen ohne Originalität einer Originalität vor, die nicht mit Traditionen übereinstimmt.

Wagners erste Werke lähmten diese Herren fast, und sie ließen den Schock lange Zeit vergessen und verzeihen. Ihre Kritik war furchtbar scharf, aber, wie ich bereits erwähnt habe, trug sie maßgeblich zur Entstehung des Musikdramas bei, da sie Wagner durch das Aufzeigen wahrer Fehler und Schwächen dazu veranlasste, seine Gelehrsamkeit zu erweitern. Diesen Kritikern fällt es schwer, die Waffen niederzulegen, obwohl die Schlacht vorbei ist und Wagner im vollen Besitz des Feldes starb. Die wenigen, die von Anfang an mit Wagner sympathisierten, waren in ihren Lobpreisungen ebenso maßlos wie seine Gegner in ihren Kritiken. Sie waren blinde Götzendiener und Wagner war ihr musikalisches „goldenes Kalb“.

Der Kern des Glaubensbekenntnisses, auf dem die neue Evangeliumszeit basiert, ist logische Konsistenz. Poesie, Musik und „ Bühnenbetrieb “ müssen dabei zusammenarbeiten, um Gefühle auszudrücken und die Fäden dramatischer Pläne zu tragen. Jede dieser Künste ist für Wagners Schaffen von entscheidender Bedeutung. Seine Texte sind Statuen, denen Musik,

Bühnenbild und Handlung Leben einhauchen. Aus diesem Grund kann niemand hoffen, Wagner intelligent folgen zu können, der beginnt, ohne sich mit seinen Gedichten vertraut gemacht zu haben. Seine späteren Texte sind Heldenepen von beachtlicher Bedeutung. Ihre Anpassungsfähigkeit und musikalische Suggestivität sind phänomenal. Sie konnten nur von einem Musiker-Dichter geschaffen worden sein, der beim Schreiben seine fertigen Bilder im Auge hatte.

Sie enthalten eine große Menge einer Art Wortmalerei , nämlich die Verwendung von Wörtern, deren Klang ausdrucksstark ist. Ich erinnere mich noch gut an die Heiterkeit, die der „Nibelungen"-Text, der einige Jahre vor der Aufführung der Opern veröffentlicht wurde, bei den Wagner-Gegnern auslöste . Es wurden Satiren und Parodien geschrieben; Wagner wurde beschrieben, wie er seine Muse in fantasievollen Gewändern umwarb, die zum Charakter des behandelten Themas passten. Das war eine glückliche Zeit für seine Gegner. Operntexte, die keine sentimentalen Texte waren, waren unverständlich. Der „Ruf der Walküre " war für sie der Höhepunkt des Nichtstuns; Aber diejenigen, die seine musikalische Vertonung gehört haben, werden leicht verstehen, wie seine Aufführung diese Spötter in respektvolles Schweigen brachte. Ich erwähne diesen „Ruf", weil die meisten Musiker ihn gehört haben und sich über seine Anpassungsfähigkeit wunderten.

Wagner widmete jeder einzelnen Aufgabe, die er übernahm, die größte Sorgfalt; Seine Wirkungen sind daher weniger zufällig als die jedes anderen Komponisten. Er hatte die Angewohnheit, drei Manuskripte anzufertigen, nämlich eine Skizze, in der die Umrisse von Form und Charakter definiert wurden, dann eine Partitur, in der kontrapunktisches und instrumentales Material entwickelt wurde, und schließlich ein Manuskript, in dem nach reichlichem Wiegen und Ablegen, jedes Detail der dynamischen Markierung usw. wurden nicht ungefähr, sondern genau angegeben. Ein Wagner-Crescendo oder Decrescendo muss mit den vom Meister vorgeschriebenen Noten und der dynamischen Kraft beginnen und enden, sonst verpassen wir die volle Verwirklichung seiner Bilder. Um die Klangfarbe der Instrumente zu bestimmen , markierte er die verschiedenen gemeinsam gespielten Stimmen unterschiedlich, von forte bis pianissimo, je nach Kombination und Register der verwendeten Instrumente.

Wagner überließ dem Ermessen des Dirigenten wenig oder gar nichts. Dennoch gibt es nur wenige, die über die nötige scharfe, feine Wahrnehmung verfügen, um seine Ziele zu verstehen, und noch weniger, die ihre Kräfte so kontrollieren können, dass sie ihre Ziele erreichen.

Wir werden uns nun einige von Wagners musikalischen Behandlungsmethoden ansehen. Erstens wird die Ouvertüre durch das Vorspiel (Präludium oder Einleitung) ersetzt. Ersteres war in seiner eigenständigen Vollständigkeit, die mehr oder weniger den Anforderungen der Sonatenform entsprach , durchaus vorhanden, als Opern aus einzelnen Stücken bestanden; wohingegen das „Vorspiel", das dem dramatischen Prolog analog ist, besser an die neuere Form angepasst ist. Es besteht aus den zentralen Themen des Dramas, das ihm vorangeht, oder führt sie zumindest ein. Im Vorspiel zu „Parsifal", das mit dem *Abendmahlsthema beginnt*, hat Wagner diesem sowie den *Grals-* und *Glaubensmotiven* Ehrenplätze eingeräumt. Sie sind in der Tat das Fundament, auf dem das ganze Drama ruht, und sie sind der Schlüssel zu seinen Situationen. Wir finden, dass die traditionelle Schlussform (Coda) durch Abwesenheit auffällt, das Präludium, das zu den Eröffnungstönen des ersten Akts führt und diese schließt. Diese Auslassung ist dankbar, denn alle aufmerksamen Musikhörer müssen immer wieder durch die langgezogenen Fanfareneffekte gestört worden sein, die der Brauch am Ende von Musikstücken setzt. Es sind Relikte der Barbarei, denen selbst Beethovens Genie keine logische Bedeutung verleihen konnte. Der Komponist, der die Entwicklung seiner Themen abgeschlossen hat, nachdem er gesagt hat, was er zu sagen hatte, und eine Schlussform hinzufügt, die entweder aus neuem Material oder aus altem, unzusammenhängend präsentiertem Material besteht, opfert Symmetrie und Lebenskraft.

Wenn es üblich wäre, dass Dichter ihren fertigen Gedichten Halleluja-Hosanna-Verse beifügen, wäre das Ergebnis nicht wesentlich unpassender als das einer durchschnittlichen musikalischen Coda. Ein Musikstück sollte mit einem Schlusswort enden, aber dieses Schlusswort muss dem Charakter und der Länge des vorhergehenden Stücks angepasst sein, muss aus den Themen hervorgehen, aus denen das Stück entwickelt wurde, und einen integralen Bestandteil des Ganzen bilden. Die oft erwähnte Ungreifbarkeit unserer Kunst scheint bei ihren Anhängern Schüchternheit hervorzurufen, und leider ist diese Schüchternheit oft bei denen am größten, die am besten geeignet sind, Neuerungen einzuführen.

Als nächstes betrachten wir die gesangliche Behandlung von Wagners Texten. Wenn wir diesem Kurs von Anfang an folgen, stellen wir fest, dass die Stimmen des Sängers immer weniger melodisch werden, aber der Zuhörer, wenn nicht der Sänger, kann diesen Verlust an lyrischer Qualität durch die gewonnene dramatische Kraft mehr als ausreichend ausgleichen. Um auf unser Bild der Statue zurückzukommen: Bühnenbild und Orchester sorgen für Atmosphäre, und der Sänger haucht dem Text den Atem ein, der ihn zum Leben erweckt.

In seinen späteren Dramen macht Wagner die Gesangspartien zu rein musikalischen Deklamationen. Er ist bestrebt, die elokutionären Effekte durch Tonhöhen- und Ausdrucksrhythmuswechsel zu verstärken, und meist gelingt es ihm auch, aber er schenkt den Bequemlichkeiten und stimmlichen Einschränkungen des Sängers wenig Aufmerksamkeit. Daher sind die Rollen des Sängers sehr schwer zu erlernen und anstrengend zu singen, und sie bieten so wenig Gelegenheit zur Darstellung, dass nur eine Liebe zur Kunst, die stark von Selbstverleugnung geprägt ist, Sänger dazu bewegen könnte, sich an ihnen zu versuchen.

Mein Studium der Werke Wagners hat meinen Respekt vor dem Intellekt der Wagner-Sänger enorm gesteigert. Jeder Mann oder jede Frau, die in einem der Musikdramen eine annehmbare Hauptrolle singen kann, muss über einen starken Hals und eine starke Lunge verfügen und sich eine einwandfreie Gesangstechnik angeeignet haben.

Es erübrigt sich fast zu erwähnen, dass die Texte ohne die unlogischen Wiederholungen aus alter Zeit vertont sind , denen sich Komponisten hingaben, damit glückliche Gedanken – gute musikalische Episoden – verstärkt werden können. Wagner verlor nie seinen Kerngedanken aus den Augen und brachte alles zur vollen Verwirklichung.

Sein Orchester begleitet nicht, wie es allgemein üblich ist, sondern singt in seiner vielstimmigen Melodie die vom Text angedeuteten Gefühle und Stimmungen. Das wichtigste Mittel zur Erreichung dieses Ziels ist das „Leit-Motiv". Seine Hilfsmittel sind die unzähligen harmonischen und instrumentalen Farbnuancen, über die Wagner verfügte.

Diese „Leitmotive" (führende und charakteristische Themen) bildeten Wagners Vokabular. Sie drückten für ihn je nach Bedarf Persönlichkeiten, Stimmungen oder Gefühle aus und wurden daher ausgewählt, um diese in seinen Kompositionen zu verkörpern. Manchmal bestehen sie aus wenigen Tönen und manchmal aus Phrasen. Sie erscheinen in unterschiedlichen Formen, um sich den wechselnden Bedingungen anzupassen, aber ihre Verkörperungen werden nur durch ihre elastische Anpassungsfähigkeit deutlicher. Diese Themen erscheinen selten in den Gesangsstimmen, aber Wagner lässt sie durch Anpassung und Instrumentierung jede Schattierung ausdrücken, von Sonnenlicht bis Sturm, von Liebe, Vertrauen und Anbetung bis hin zu Zorn, Angst und Hass, und folgt auf diese Weise seinem Text auf parallelen Linien – Musik neben und verstärkt die Poesie.

Wagners Anforderungen an den Bühnenschreiner und Bühnenmaler sind so groß, dass nur große Theater mit ausreichenden Mitteln seine Vorstellungen von der bildlichen Darstellung richtig umsetzen können. Er besaß ein bemerkenswertes Talent für die Erfindung szenischer Effekte und achtete dabei nicht auf Kosten.

Wagner hatte die Idee, die Bühne über den für das Orchester vorgesehenen Raum hinauswachsen zu lassen, was in den meisten Fällen, in denen es umgesetzt wurde, gute Auswirkungen hatte. Sie hat gegenüber der gewöhnlichen Platzierung zwei Vorteile: Sie bringt den Sänger näher an sein Publikum heran, was ihm die Aufgabe erleichtert, sich verständlich zu machen, und sie hat eine dankbare Tendenz, widerspenstige Blechbläser zu unterdrücken, die einen Weg haben, wenn sie vorne platziert werden der Bühne, Sänger vergessen zu machen. Ich habe gesehen, wie Sänger mit angespannten Muskeln und anschwellenden Venen darum kämpften, einen stimmlichen Höhepunkt zu erreichen, ohne dass dabei ein anderes Ergebnis als ein heroisches Spektakel entstand.

Wenn ein Dirigent seinen Blechbläsern erlaubt, die bescheideneren Elemente seines Orchesters unter ihrem Klang zu begraben, zeigt er Unfähigkeit – entweder einen Mangel an Kontrolle oder eine grobe Vorstellung von ihrer Mission – und da diese Unfähigkeit recht häufig vorkommt, ist jedes mechanische Gerät, das … wird sicherstellen, dass die Mäßigung seitens unserer selbstbewussten Freunde, die Trompeten und Posaunen spielen, lobenswert ist.

Lassen Sie uns nun sehen, was wir tun können, um noch enger mit dem Meister in Einklang zu kommen und uns besser darauf vorzubereiten, seinen Schöpfungen intelligent zu folgen. Intelligentes Befolgen impliziert nicht nur das Erkennen von Episoden von besonderer Bedeutung oder Schönheit, sondern viel mehr: Es impliziert den Verlust jeglicher beitragender Details und ein leichtes Verständnis der kombinierten Mittel.

Allein ein umfassendes Studium kann dies ermöglichen. Seine Wichtigkeit muss als Entschuldigung dafür dienen, dass ich wieder auf das Thema Texte zurückkomme. Man sollte ein Buch nie mit ins Opernhaus nehmen, sondern es durch ernsthaftes und wiederholtes Lesen zu Hause überflüssig machen. Wir sollten uns mit den Texten hörenswerter Werke zumindest so vertraut machen, dass wir Situationen vorhersehen und mit jedem einzelnen Handlungsdetail und jeder Bedeutungsnuance Schritt halten können. Nachdem wir dies erreicht haben und uns mit den wichtigeren Leitmotiven vertraut gemacht haben, werden wir intellektuell in der Lage sein, dem Meister bei der Entwicklung seines Musikdramas auf den Linien und mit den Methoden zu folgen, die wir in Betracht gezogen haben.

Ich möchte nicht behaupten, dass die günstigsten Bedingungen es uns ermöglichen würden, Absichten vollständig zu verstehen oder alle Schönheits- und Kraftpunkte auf einmal zu entdecken; Unsere Studie hätte uns jedoch ziemlich genau auf die Grenze der kalten Neugier bringen sollen. Wir hätten Anspruch auf einen kreativen Sinn, der dem eines Kollegen ähnelt: Unsere Natur wäre akustisch empfänglich und reaktionsfähig gemacht worden.

FUSSNOTE:

[A] Komponisten, die Formen oder Methoden entwickeln, die sich für die Musikwelt empfehlen, weil sie einen erkennbaren Fortschritt im künstlerischen Ausdruck zum Ausdruck bringen, schaffen Perioden. Mendelssohn war in seinen ernsteren Stimmungen ein modernisierter Bach. Er hat keine Formen geschaffen, sondern die seines großen Ideals an unsere Denk- und Gefühlsgewohnheiten des 19. Jahrhunderts angepasst. Er tat dies unnachahmlich, aber er war eher fertig als energisch oder mutig, und sein Einfluss auf die Kunst war folglich nicht tief, wenn auch äußerst heilsam.

KAPITEL VI WELCHE EINFLUSSFAKTOREN WERDEN ÜBER DAS MUSIKALISCHE SCHICKSAL ENTSCHEIDEN? WER WIRD UNSER SIEBTER HOHEPRIESTER SEIN?

Aus Gründen, die sowohl in der Musik selbst als auch in der trägen und voreingenommenen Wahrnehmung des Menschen liegen, müssen wirklich große Komponisten normalerweise länger auf Anerkennung warten als solche mit mittelmäßigen Fähigkeiten. Musik, die der Beachtung würdig ist, ist so individuell wie die Züge oder unbewussten Gewohnheiten ihres Komponisten. Sie ist eine klangliche Äußerung seiner intimsten Natur, ein unausgesprochener, aber klarer Ausdruck seiner stärksten Emotionen – ein Schattenbild seiner Seele. Je intensiver die Natur, desto stärker die Emotionen; und je tiefer die Seele des Komponisten, desto langsamer können wir die volle Bedeutung seiner Schriften erfassen, denn sie sind charakteristisch für ihn und uns fremd. Jeder Zeitgenosse fügt den künstlerischen Ressourcen so viel hinzu und verändert die künstlerischen Methoden so wesentlich, dass man sagen kann, er habe einen musikalischen Dialekt geschaffen, mit dem sich unsere Ohren und unser Verstand vertraut machen müssen, bevor seine poetischen Entwürfe für uns eine nachhaltige und klare Bedeutung annehmen können.

Aufgrund dieses fremden Charakters ausgeprägter Originalität werden hochpriesterliche Ehren in der Regel posthum verliehen, denn sie werden nur denjenigen verliehen, die die Musikwelt durch den lebenslangen, geduldigen und intelligenten Einsatz höchster Begabungen von ihrer Eignung überzeugt haben. Nur die Musikwelt hat die Macht, hohepriesterliche Ehren zu verleihen, denn dieses Amt steht weder Freunden oder Anhängern von Komponisten noch Parteien oder Clans zur Verfügung. Um sich die erforderlichen Stimmrechte zu sichern, muss man als wohltätiger und radikal neuer Faktor in der Kunst allgemeine Anerkennung erlangt haben, und das erfordert so viel Zeit, dass nur zwei unserer sechs Hohepriester noch lebten, um diese Ehre zu erlangen. Selbst Beethoven erlebte nicht die volle Gewissheit der Unsterblichkeit, Wagner jedoch schon. Er wusste, dass seine Innovationen von der Welt angenommen wurden, dass seine Errungenschaften die Grundlagen der Kunst erweiterten und neue Kanäle für musikalisches Denken eröffneten, dass seine Individualität hell über das weite Meer der modernen Kultur strahlte, ein „Leuchtfeuer“ strahlender Helligkeit , und dass er ein Zeitmacher war, dessen Einfluss auf die Kunst zu tief war, um ihn abzunutzen, denn er war ein Musiker, der nicht ein Jota und kein Tüpfelchen von dem ablehnte, was seiner Meinung nach der Kunst zusteht.

Dieses lebenslange Streben nach posthumen Ehrungen ist nicht so deprimierend, wie es auf den ersten Blick erscheinen mag, denn jeder Mensch , so bescheiden er auch sein mag, muss, wenn er mit überragenden Begabungen gesegnet ist, seine Macht spüren und von der Gewissheit der endgültigen Anerkennung getragen werden. Die Liebe zur Kunst, Standhaftigkeit, Ambition, Individualität und Vorstellungskraft wahrhaft großer Männer sind ein Schutz gegen die Kämpfe und Entmutigungen des Künstlerdaseins.

Die Zeit ist also unser letztes Gericht, der einzige Richter musikalischer Werte, der keine Fehleinschätzungen begeht. Der einzelne Richter beurteilt die Verdienste zeitgenössischer Komponisten, geleitet von seinen persönlichen Eindrücken. Die Zeit sammelt die unterschiedlichen Eindrücke, die sie über Jahrzehnte hinweg auf Menschen verschiedener Musikliebhaber gemacht hat, und ihre Urteile, die auf diesen Eindrücken beruhen, sind endgültig. Wir sind manchmal verblüfft und rebellieren sogar, wenn sich der Erfolg unseres Lieblingskomponisten oder eines besonders sympathischen Musikstücks als flüchtig erweist, aber der Geeignetste überlebt immer, und der Geeignetste ist der Komponist oder das Werk, das neben den unverzichtbaren technischen und ästhetischen Qualitäten auch von der reichsten Ader altruistischer Individualität durchdrungen ist.

Wenn die Zeit unser letztes Gericht ist, dann sind professionelle Kritiker die Anwälte, die die Ansprüche von Künstlern vor der Anwaltskammer ihres Gerichts vertreten. Diese Befürworter unterscheiden sich stark in ihren Fähigkeiten und ihrem Charakter. Einige von ihnen verfügen über große Gelehrsamkeit, scharfsinnige Auffassungsgabe und Ehrlichkeit; Sie werden keine Sache vertreten , die den Interessen der Kunst abträglich ist, da unsere Muse sie sozusagen mit einem Super-Gehalt ausgestattet hat. Ein solches Eintreten verkörpert das Höchste und Beste, was die Grenzen der Individualität zulassen. Von diesem idealen Standard aus steigen professionelle Kritiker ab, bis sie zu durchsetzungsfähiger, voreingenommener und manchmal böswilliger Ignoranz gelangen. Wenn wir die Skala weitergehen, finden wir zuerst Kapazität ohne das notwendige Vertrauen in Überzeugungen (schüchternes Können ist immer ein schwacher Faktor bei der Regulierung künstlerischer oder materieller Angelegenheiten), dann Ehrlichkeit und guten Willen, die nicht durch Kapazität gestützt werden, und dann Kapazität, die durch Vorurteile oder Selbstvoreingenommenheit beeinflusst wird -Interesse und zu guter Letzt der Pettifogger. Diese Klassen zeigen Arroganz und erregen (vorübergehend) im umgekehrten Verhältnis zu ihren Fähigkeiten Aufmerksamkeit. Wenn wir die

Geschichte unseres Tribunals untersuchen, stellen wir fest, dass sein Einflussbereich umso kleiner ist, je durchsetzungsfähiger der Anwalt ist.

Die große Öffentlichkeit ist die Jury in diesem Gericht, und seine Entscheidungen werden, obwohl sie letztendlich klug und gerecht sind, immer so sehr durch den Lärm von Klagegründen verzögert, der in seinen Ohren dröhnt, dass ich es für gerechtfertigt halte, diesen „ Meinungsmachern " ein wenig Raum zu widmen „Und um meinen Zweck zu erleichtern, werde ich ein Gleichnis aus der Natur verwenden, das weniger skurril und zuverlässiger ist als der Mensch.

Musik ist wie eine sensible Pflanze – sie gedeiht nur, wenn alle Bedingungen ihr Wachstum begünstigen. Aus diesem Grund sollten diejenigen, die Freude, Erbauung und Trost in ihren subtilen Qualitäten finden, den erfahrenen Gärtner in seiner wachsamen und differenzierten Blumenkultur nachahmen. Ein professioneller Gärtner ist für den Gartenbau das, was ein Kritiker für die Kunst sein sollte. Jeder soll für seine Aufgabe geschulte Fähigkeiten mitbringen, aber der Gärtner, der mit den Prinzipien vertraut ist, die das Blütenwachstum steuern, studiert die Natur seiner Keime und passt dann Boden, Temperatur usw. an die Bedürfnisse jedes Einzelnen an. Er verfügt also zunächst über einen materiellen Vorteil gegenüber seinem Kunstbruder , denn seine Erfahrung ermöglicht es ihm, die Gattungen seiner Keime zu erkennen und Ergebnisse vorherzusehen. Er beschäftigt sich mit Samen, Wurzeln, Stecklingen und Zwiebeln; Der Kunstkritiker wird mit den Mysterien der Individualität konfrontiert, die er am häufigsten anhand der Eindrücke beurteilt, die ein augenblicklicher Kontakt mit ihren äußeren Erscheinungsformen auf sein Empfindungsvermögen macht. Aufgrund der ungünstigen Bedingungen, die so oft mit ihrer Entwicklung und Präsentation einhergehen, sind diese Manifestationen selten vollständige und vertrauenswürdige Indikatoren für die kreative Leistungsfähigkeit, insbesondere bei jungen Komponisten.

Gemeinschaften sind Gärten, in denen Musik gedeiht, kaum existiert (was am häufigsten vorkommt) oder überhaupt keine Wurzeln schlägt. Die Vermehrung ist der entscheidende Test für vitalisierende Eigenschaften. Eine Gemeinschaft, die neue Sorten hervorbringen kann, wirklich kühne Talente, muss über ein hohes Maß an Fruchtbarkeit verfügen. Die Komponisten, die an einem bestimmten Ort leben und schaffen, spiegeln daher ihre musikalische Umgebung wider, denn die Fähigkeiten musikalischer Organismen sind sensibler als die Musik selbst. Transplantierte Musik wird weiterhin unter Bedingungen existieren, die keinen Anreiz zu ernsthafter Schöpfung bieten und auch nicht die Elemente bieten, aus denen sich Männlichkeit schöpfen lässt. Beethovens Werke interessieren Gemeinschaften, in denen seine Fähigkeiten latent geblieben wären.

Die legitimen Funktionen der Kritik bestehen darin, wahre Talente aufzuspüren und zu fördern und die öffentliche Diskriminierung bei ihrem ersten Urteil zu leiten. Kritiker und Rezensenten sind Experten, deren geäußerte Meinungen durch die Druckerpresse ein Maß an Überzeugungskraft verliehen werden, das nicht immer mit ihren Verdiensten vereinbar ist , und sie im Guten wie im Schlechten verbreiten. Aufgrund dieser schlüssigen Qualität und weil sie – in fester Form – einen so weiten Kreis von Intelligenz anspricht und immer wieder ansprechen kann, sollte gedruckte Kritik sowohl die mächtigste als auch die aktivste Instanz bei der Schaffung der Bedingungen sein wesentlich für die musikalische Entwicklung; aber ein sorgfältiger Blick auf die vergangenen und gegenwärtigen Beziehungen der Kritik zur Kunstkultur würde meiner Meinung nach jeden unvoreingenommenen Denker davon überzeugen, dass die Entscheidung unseres Gerichts verzögert und nicht durch den durchschnittlichen Anwalt erleichtert wurde, und dass die Produktivität unseres Gartens dies getan hat wurde nie durch die Dienste professioneller Gärtner erhöht.

Dennoch hat die gedruckte Kritik einen vorübergehenden Einfluss. Wir geben nicht unbedingt auf, wenn wir mit Kritik konfrontiert werden, die unseren eigenen Vorstellungen widerspricht, aber das unangemessene Gewicht, das gedruckten Werken beigemessen wird, bringt oft sogar die Meinung von Experten ins Wanken, auch wenn sie das Gegenteil behaupten.

Gedruckte Nachrichten sind nicht immer authentisch und gedruckte Meinungen zu Finanzthemen, Volkswirtschaftslehre, Sport, Wetter usw. sind nicht immer unfehlbar, obwohl sie in der Regel von Fachleuten verfasst werden. Da diese Themen jedoch wesentlich sind, passen sie sich von selbst an, und ihre redaktionellen Mängel richten selten irreparablen Schaden an. Unsere sensible Kunst hingegen, deren Elemente emotional sind, und die überempfindlichen Organismen, die mit künstlerischer Produktivität gesegnet sind, sind weniger in der Lage, sich von dem Schock zu erholen, den Missverständnisse und Falschdarstellungen mit sich bringen.

Wagner war in dieser Hinsicht einzigartig, denn er ertrug Jahre der Verleumdung und Ungerechtigkeit, ohne mit der Wimper zu zucken. Sein Wesen war dual, als ob sein Kunstinstinkt in einen heroischen Charakter eingepfropft worden wäre, wie eine edle Eiche, aus der er Lebenskraft schöpfte und deren weitverbreitete Wurzeln seinen Überzeugungen Stabilität verliehen, ohne ihnen irgendeine andere Andeutung seiner Strenge einzuflößen Elemente. Wären alle talentierten Komponisten so fest verwurzelt wie Wagner, gäbe es weniger Anlass, gegen Unwissenheit und Nachlässigkeit im Druck zu protestieren.

Die zweite Frage, die in den Überschriften dieses Kapitels gestellt wird, kann diskret geprüft werden, aber sie kann keine abschließende Antwort erhalten, bis das Urteil der Zeit gefällt ist . Wir können die Eindrücke abwägen, die die Eigenschaften der prominenteren Kandidaten für hohepriesterliche Ehren auf unsere individuelle Empfänglichkeit hinterlassen, und diese mit ähnlichen individuellen Vorstellungen von idealen Eigenschaften vergleichen, aber das Ergebnis unserer Spekulationen muss zwangsläufig eher den Charakter eines haben Wetterfahne, die den Launen sich ändernder Bedingungen unterliegt, als ein Wegweiser, der unseren Erwartungen eine verlässliche Richtung vorgibt.

Von allen Komponisten der letzten Zeit zog Brahms die größte Anhängerschaft unter den Musikern an, und das zu Recht, denn die Menge seiner wertvollen Werke ist größer als die seiner Zeitgenossen. Er schrieb eine große Anzahl von Liedern, Ensemblestücke für eine große Vielfalt von Instrumentenkombinationen, begleitete und unbegleitete Klavierstücke sowie Symphonien, Ouvertüren usw. für das große Orchester. Seine Arbeit zeichnet sich normalerweise durch reiche Harmonien, melodische Stimmführung, transparente Form und ein unterschiedliches Maß an Spontaneität aus, das manchmal die offensichtliche Anstrengung nicht verbergen kann. Diese Anstrengung macht sich in eigenartigen und sogar grotesken harmonischen Abfolgen und Rhythmen bemerkbar und ist in allen Phasen seiner Karriere erkennbar. Diese für mich erzwungenen Methoden sind die einzigen Merkmale, die Brahms' Musik individualisieren. Am besten ist er, wenn er selbstvergessen ist, und diese unnatürlichen Merkmale zeugen von Selbstbewusstsein. Schumann, der, wie ich in einem früheren Kapitel sagte, Brahms‘ musikalischer Pate war, war ein Genie mit einer klar definierten Individualität, deren vollständiger und natürlicher Ausdruck ihn dazu zwang, Mittel zu erfinden, um die Mittel zu ergänzen, die er von seinen Vorgängern geerbt hatte. Diese erfundenen Mittel waren eigentümliche harmonische Verbindungen und unregelmäßige Akzente. Schumann verwendete diese Mittel normalerweise mit erfreulichen Ergebnissen; denn er lässt uns spüren, dass sie für die Entwicklung der vollen Bedeutung seiner Tonschemata unerlässlich sind. Das Genie hat eine magische Macht über Ressourcen und Modi, verwandelt Exzentrizitäten oft in gelungene, ausdrucksstarke Mittel und verleiht dem, was in anderen Händen chaotisch wäre, eine logische Bedeutung.

Brahms scheint von diesen extremen Manifestationen der Individualität seines großen Vorbilds geblendet gewesen zu sein. Er übernahm diese nicht nur, sondern übertrieb sie und machte sie zu den charakteristischen Merkmalen seines Stils. Er war ein meisterhafter Kontrapunktist, hatte ein klares Gespür für Formen, beherrschte das Orchester gut, obwohl er dessen Ressourcen nie erschöpfte, und war stets ein logischer Denker. Seine

Fähigkeiten in der Behandlung von Themen waren so erstaunlich, dass er oft trivialen Motiven Bedeutung beimaß (*siehe* die „Akademische Ouvertüre" und seine Variationsreihen), aber er war kein großer Ersterfinder (ein Urheber prägnanter Themen) und war es auch nicht ein einfallsreicher Kolorist.

Wie ich bereits sagte, war Brahms am besten, wenn er selbstvergessen war, denn in solchen Momenten verschwand das künstliche Element aus seiner Ausdrucksweise und er wurde ein meisterhafter Musiker, der alle Qualitäten besaß, bis auf eine, die unsere Priesterlinie charakterisiert haben. Diese fehlende Eigenschaft ist meiner Meinung nach die wesentlichste von allen, nämlich eine natürliche, unterscheidende und durchdringende Individualität.

Tschaikowski wurde kurz erwähnt, als wir im vierten Kapitel über Russlands Verdienste um die Kunst sprachen. Wegen der halb geschlossenen Tür Russlands war seine Kunst bis vor kurzem sehr isoliert. Aus diesem Grund Tschaikowskis Ansprüche sind unserem Gericht noch nicht vollständig dargelegt worden. Es ist ein eigenartiger, aber charakteristischer Umstand, dass Amerika Europa in seiner Kenntnis und Wertschätzung dieses großen Schöpfers um mehrere Jahre voraus war. Amerika ist ständig auf der Suche nach Neuheiten und hat nicht gelernt, diese im eigenen Land zu suchen; Deutschland und in geringerem Maße auch die anderen europäischen Länder sind selbstzufrieden mit ihren eigenen Errungenschaften und empfinden dementsprechendes Misstrauen und Intoleranz gegenüber ausländischen Produkten.

Erst vor sechs Jahren wurde Deutschland bewusst, dass ein großes Genie außerhalb seines direkten Einflussbereichs und fast ohne sein Wissen gelebt, geschaffen und gestorben war. Tschaikowski war belesenen deutschen Musikern natürlich in gewisser Weise bekannt, aber es bedurfte eines solchen Schlags, wie ihn Professor Leopold Auer versetzte, um unserer Sturmglocke ein Geläut zu entlocken, das lebendig genug war, um bis in die entlegensten Winkel der Musikwelt vorzudringen und die Ankunft eines neuen Helden anzukündigen. Nie wurde ein Akt der Gerechtigkeit und Liebe gewissenhafter und angemessener vollbracht. Auer zeigte bei der Auswahl seines Programms ein seltenes Urteilsvermögen. Sein offensichtlicher Wunsch war es, so viele Merkmale von Tschaikowskis vielseitigem Genie wie möglich aufzuzeigen . Er wählte daher die gelehrte zweite anstelle der energischeren, emotionaleren sechsten Sinfonie. Es folgten das Violinkonzert, die „Nussknacker"-Suite und die sinfonische Dichtung „Francesca da Rimini". Ich kenne keinen anderen Komponisten aus irgendeiner Zeit, dessen Werke eine vergleichbare Vielfalt an klar definierten Stimmungen bieten konnten, wobei jedes davon den unverkennbaren Stempel seiner Individualität trug.

Professor Auer dirigierte die Orchesterwerke und spielte das Konzert mit einem Können, das von der ehrfürchtigen Erinnerung an seinen verlorenen Freund inspiriert war. Seine Begeisterung berührte die Orchestermusiker und schließlich das Publikum, machte den Abend unvergesslich und löste Wellen der Begeisterung aus, die Tschaikowskis Namen und Musik bis in die entlegensten Winkel der Musikwelt trugen .

In meiner vorherigen Erwähnung von Tschaikowski sprach ich ihm Tugenden zu, die ihn „an die Spitze der Symphoniker seiner Zeit stellen". Er hatte jedoch zwei Schwächen, von denen eine mehr oder weniger seine Werke durchdringt, während die andere sich nur selten zeigt. Die erste ist eine zu große Treue zu seinen Themen, wie zunächst angekündigt, und die zweite ist eine gelegentliche Tendenz zum Melodramatischen. Plastische Kompositionen müssen dem Geist treu bleiben, aber nicht der ursprünglichen Form ihrer Themen, denn prägnante Themen besitzen viele Phasen der Suggestivität, und je mehr dieser Phasen ein Komponist fühlt und zeigt, desto reicher ist die Homogenität seiner Schöpfungen.

Ohne diese kleinen Schwächen in Tschaikowskis Werk würde ich ohne zu zögern vorhersagen, dass die Zeit ihn zu ihrer Wahl für unseren siebten Hohepriester machen würde und er die Ehre trotz dieser Schwächen gewinnen könnte, denn seine großen Qualitäten sind überwältigend.

Es sind keine Kandidaten bekannt, die es wert wären, mit diesen beiden Giganten Brahms und Tschaikowski verglichen zu werden , von denen der eine mechanisch und der andere emotional musikalisch ist.

KAPITEL VII
EINE ZUSAMMENFASSUNG DER EIGENSCHAFTEN DER MUSIK. WAS MACHT MUSIKALISCHE INTELLIGENZ AUS?

Obwohl einige der Merkmale unserer Kunst in früheren Kapiteln wiederholt erwähnt wurden, glaube ich, dass eine kurze Zusammenfassung ihrer charakteristischen Eigenschaften dazu beitragen könnte, die Umrisse meiner Skizze klarer hervorzuheben. Ich werde diesen Hintergrund untersuchen, ohne auf technische Analysen zurückzugreifen.

Bevor ich diese Aufgabe in Angriff nehme , möchte ich die oft verkündete Tatsache betonen, dass Musik etwas Besonderes ist. Sie folgt, wie die Sprache und die anderen Künste, Linien, die von der Individualität zur äußeren Intelligenz führen. Im Falle der Musik beginnen diese Zeilen im Innersten der emotionalen Natur des Komponisten und verbinden sich mit Zeilen, die durch unseren Intellekt in die ebenso geheimen Kammern unserer Natur führen, und vermitteln uns Gefühle, die zwar verständlich, aber zu intim sind, um einer Analyse standzuhalten.

In zivilisierten Nationen gibt es schon seit langem gemeinsame Rhythmen und Stimmungen, z. *B.* ein markierter Viervierteltakt war schon immer charakteristisch für den Marsch usw., aber der Rhythmus ist, obwohl er der Herzschlag der Musik ist, nur das Maß für musikalisches Denken.

Wissenschaftler lehren uns, dass bestimmte Klänge aufgrund der mathematischen Beziehung zwischen den Schwingungen, deren hörbares Ergebnis sie sind, für die konjunktive Verwendung als Akkorde geeignet sind. Von diesem Anfang an gehen sie durch die ganze Skala musikalischen Lernens und schließen, ohne uns einen Schlüssel zur Interpretation gegeben zu haben; Daher ist und bleibt Musik eine unübersetzbare Sprache der Seele , die Wirkungen hervorruft und Emotionen hervorruft und dabei nur den Intellekt als Medium nutzt.

Dr. Oliver Wendell Holmes sagte: „Musik, die übersetzbar ist, ist notwendigerweise von niedriger Qualität." Diese Ansicht ist wahr und drückt ein feines Gespür für die Natur und Grenzen der Musik aus, was bei einem Laien bemerkenswert ist, denn es besteht eine Neigung, die Schöpfungen der großen Meister auf den Boden der Tatsachen zurückzuholen und sie Geschichten irdischer Erfahrungen erzählen zu lassen.

Die Reinheit, Kraft und Schönheit der Musik gehen bei den Versuchen, sie zu materialisieren, stets auf Kosten der Natur, denn großartige Musik entsteht durch die natürliche Entwicklung und den gelungenen Ausdruck charakteristischer musikalischer Gedanken und nicht durch die raffinierte klangliche Darstellung von Szenen oder Gefühlen, die aufgrund ihres materiellen Charakters in Worten ausgedrückt wurden oder besser noch werden sollten.

Reine, vollständige Vorstellungen können nur in sensiblen Naturen Gestalt annehmen; sensibel für die Einflüsse der Lebensumgebung, empfing Eindrücke vom Vogelgesang, dem Duft der Blume, der Macht des Sturms, der Erhabenheit des Berges, dem plätschernden Bach, dem friedlichen Tal und war, zumindest vorübergehend, von Liebe zu Gott und den Menschen erfüllt ; Auch könnten solche Vorstellungen nicht durch Intellekte zum Ausdruck gebracht werden, die nicht gemildert, verfeinert und erweitert worden wären, um alle Ressourcen zu erfassen, die die Tonwissenschaft bietet.

in der künstlichen Musik , die aus Absicht und nicht aus Inspiration entstanden ist, oder in der Arbeit unreifer Musiker drängt sich die Wissenschaft auf. Mit anderen Worten: Wenn die Mittel spürbar sind, wurden sie entweder ungeschickt eingesetzt, oder der Komponist war von dem Ehrgeiz getrieben, ungeachtet ästhetischer Gesichtspunkte wissenschaftliche Qualitäten zu zeigen.

Wie oft hören wir Werke, in denen jeglicher Funke von Sensibilität und Spontaneität unter einer Unmenge von Kontrapunkten und thematischen Entwicklungen erstickt wird, die bedeutungslos sind, weil sie nicht in logischer Reihenfolge entwickelt wurden! Zeichnung und Anatomie sind für Malerei und Bildhauerei und Grammatik, Rhetorik und Metrum für die Poesie, was Musikwissenschaft für die Musikkunst ist, insofern bei jedem die Fähigkeit, zu produzieren oder zu würdigen, was andere produziert haben, weitgehend auf die eigene Fähigkeit abgestimmt ist Kenntnis dieser Strukturgesetze.

Temperament, natürliche Begabungen, Kultur und Gewohnheit spielen bei der Schaffung individueller Vorstellungen von Schönheit eine so wichtige Rolle , dass wir nur das Urteil der Menschen in unserer eigenen Umgebung als Maßstab betrachten können.

Das erste Wesensmerkmal der Schönheit ist Symmetrie. Eine Rose kann nicht schön sein, wenn sie nicht anmutig geformt und balanciert ist. Die Hand des Schöpfers mag es unvergleichlich gefärbt haben, mag für seinen Teil den köstlichsten Duft destilliert haben, aber das wird nichts nützen, wenn es unanmutige Ausmaße geerbt hat oder wenn die Welt es während seiner Wachstumsphase verzerrt hat.

So wie die Rose Farbe und Parfüm benötigt, um ihren Charme zu perfektionieren, so benötigt jede belebte und unbelebte Schöpfung auf dieser Welt ihre passenden Accessoires zur Symmetrie.

Nach unserem Standard sollte die Frau eine geschmeidige, plastische Gestalt mit schwankender Farbe und einem alles durchdringenden Duft intellektueller Bescheidenheit haben; wohingegen der Mensch eine sehnige, kühne und starke Gestalt haben sollte, die Farbe vollkommener Gesundheit und den Duft intellektueller Furchtlosigkeit. Jeder muss eine klar definierte Individualität besitzen.

Gottes Schöpfungen sind niemals exakte Duplikate, und dennoch haben wir zahlreiche wunderschöne Rosen, Frauen und Apollo- ähnliche Männer , jede mit entsprechenden Eigenschaften und jede, die aufgrund der Affinität zu diesem Objekt den ästhetischen Geschmack einer einzelnen Person oder Personenklasse befriedigt das persönliche Ideal, das dieser Person oder diesen Personen von Gott eingepflanzt wurde und das durch die Lebensumstände genährt wurde.

Wie bei allem anderen, das Anspruch auf Schönheit erhebt, muss auch in der Musik Symmetrie allen anderen Eigenschaften zugrunde liegen. Die Gesetze, die die musikalische Symmetrie regeln, sind von einem Standpunkt aus betrachtet so starr und von einem anderen und höheren Standpunkt aus so elastisch, dass es nicht verwunderlich ist, dass junge Komponisten entsetzt sind, wenn sie den neutralen Punkt der Aufnahmefähigkeit erreichen, an dem sich diese scheinbar widersprüchlichen Bedingungen zum ersten Mal manifestieren. Aber diese Bedingungen sind nicht wirklich widersprüchlich, denn die vorgeschriebene Form ist nur ein richtig proportioniertes und angepasstes Skelett, ein Rahmen , der solchen Änderungen unterliegt, die ihn dem Charakter unserer Pläne anpassen. Diese Änderungen dürfen jedoch nicht die Verwendung exzentrischer Linien oder das Weglassen wesentlicher Elemente des musikalischen Körpers beinhalten, da dies zu Missbildungen führen würde.

Der Komponist hat seine Form formuliert und kleidet sie in melodisches und harmonisches Material, das er in eine solche Form bringt , dass es das Ideal seiner Fantasie verwirklicht. Das Ergebnis umfassenden Wissens, das mit gerechtfertigter Freiheit geleitet wird, ist musikalische Symmetrie.

Das nächste Attribut ist, wie im Fall der Rose, die Farbe; sie ist in der Musik je nach Reichhaltigkeit des verwendeten Materials und der künstlerischen Geschicklichkeit und Sorgfalt, mit der sie arrangiert wurde, mehr oder weniger ansprechend.

Es gibt mehrere Quellen, auf die der Tonmaler für das, was man Primärfarben nennen könnte, zurückgreifen kann, nämlich die menschliche

Stimme, die charakteristischen Eigenschaften von Instrumenten, harmonischen Verbindungen und Rhythmen sowie die Kombination und Mischung dieser Primärfarben, um so etwas zu erreichen Für jede Episode den wirkungsvollsten Farbton zu erzeugen, nicht nur für sich genommen, sondern auch in Bezug auf die gesamte Panoramafolge des fertigen Bildes, ist das Problem, das so wenige lösen. Die meisten Komponisten scheinen zufrieden zu sein, wenn es ihnen gelingt, uns mit ungewöhnlichen Kombinationen zu verblüffen, wie grob und belanglos sie auch sein mögen.

Als nächstes kommt das Gefühl, das für die Musik das ist, was der Duft für die Rose und die Intellektualität für die Frau ist. Alle drei wären ohne diese parallele Begabung leeres Gespött. Ein Musikstück muss einen menschlichen Wunsch, einen Glauben oder ein Gefühl ausdrücken, sonst ist es nur ein leerer Klang.

Diese drei Eigenschaften – Symmetrie, Farbe und Gefühl – stehen allen talentierten Musikern zur Verfügung, doch über die alles durchdringende Individualität, die die Form so anpasst, die Farbe so arrangiert und jeder Gefühlsnuance so angemessenen Ausdruck verleiht, dass natürliche, aber einzigartige Klangbilder entstehen, verfügen nur wenige Komponisten einer bestimmten Generation.

Sogenannte Originalmusik ist vielleicht nichts weiter als die Frucht des guten Geschmacks, der sich in der Anordnung mühsam erarbeiteter Eigenheiten der Mittel und Modi zeigt, und ist daher nur äußerlich individuell; Musik jedoch, deren Themen einem ausgeprägten individuellen Gefühl entspringen, das ihre Form prägt und jedes beitragende Detail dem Geist des ursprünglichen Impulses entsprechend gestaltet, ist wirklich originell. Individuelle Musik ist dann radikal originell, aber Originalmusik ist nicht notwendigerweise individuell.

Ein Funke individuellen Genies strahlt aufgrund seiner reinen Brillanz in den grenzenlosen Raum; wohingegen ein ganzes Feuer aus gezielten Exzentrizitäten seine Flammen mit nicht strahlenden Elementen verhüllt und nur ein kleines Feld erhellt.

Jetzt müssen wir über den Punkt hinausgehen, an dem die Wissenschaft beginnt, ihr Licht auf die Naturgesetze zu werfen. Welche Kraft erzeugt Leben, setzt die Maschinerie unseres Körpers in Gang und hält sie in Bewegung und platziert eine Seele hinter unseren Gesichtszügen? Die gleiche Agentur muss uns bei der Konzeption musikalischer Ideen leiten, sonst fehlen ihnen alle lebendigen Elemente. Diese Kraft ist Gott: Gott in uns – eine Quelle der Inspiration für diejenigen, deren Empfänglichkeit groß genug ist, um ihren Einfluss zu spüren.

Die Wissenschaft kann uns lehren, reichhaltige harmonische Abfolgen und Instrumentalfarben zu erzeugen, aber sie kann uns nicht die magische Kraft des spontanen und sequentiellen Wachstums vermitteln, die großartige Kompositionen auszeichnet, noch kann sie uns zeigen, wie wir den Geist identifizieren können, der solche Werke durchdringt. Jeder kann sich darauf vorbereiten, die geistigen Eigenschaften eines Musikwerks abzuwägen, aber der Geist, den diese Eigenschaften kleiden sollen, wird sich für unsympathische Seelen nicht verwirklichen. Hierin liegt der Grund für die Meinungsverschiedenheiten gebildeter und ehrlicher Kritiker.

Manche Werke, die alle Attribute der Größe besitzen, müssen oft gehört werden, bevor sie anfangen, unsere Sympathien zu erregen. Andere, die gleichermaßen inspiriert sind, schaffen es nicht, bei bestimmten Personen die Reaktionsfähigkeit zu wecken. Von unterschiedlich konstituierten Naturen kann nicht erwartet werden, dass sie im Einklang schwingen, und da echte Musik eine hörbar gemachte Seelenschwingung ist, sucht sie nach Reaktionsfähigkeit in unserer Natur, da jeder gegebene Ton Objekte ergreift, deren Schwingungen sympathisch sind, und sie dazu bringt, konsonante Töne auszusenden.

Der Eindruck, den die Musik hervorruft, kann in Charakter und Intensität nur dann ähnlich sein, wenn die Zuhörer gleichermaßen begabt und kultiviert und geistig gleichermaßen darauf konditioniert sind, sich ihrem Einfluss hinzugeben. Solange sich jedes Mitglied der Menschheitsfamilie durch Individualität auszeichnet, werden auch die Eindrücke, die die immateriellen Elemente in der Kunst hinterlassen, vielfältig sein.

Suggestivität ist die höchste Qualität, die ein Dichter, ein Redner, ein Maler, ein Bildhauer oder ein Musiker seinen Werken verleihen kann. Seine Existenz impliziert eine klare Vorstellung, die im Gefühl verwurzelt ist und durch anpassungsfähige Mittel angemessen zum Ausdruck gebracht wird, aber durchaus innerhalb der Grenzlinie liegt, die logische Knappheit von Redundanz trennt.

Wer kann Beethoven, Schubert, Schumann oder Wagner hören und sich nicht in einem Traumland wiederfinden, das weniger von Kindern des Gehirns des großen Meisters als vielmehr von den Sprösslingen seiner eigenen Fantasie bevölkert ist ? Diese Ergebnisse sind die Früchte der Suggestivität.

Routine führt oft zu Diffusität; das Fehlen davon führt immer zu einem unlogischen und unzureichenden Ausdruck; Aber die vom Genie geleitete Routine verfehlt selten die Entdeckung der Lebenslinie, die die Grenze der Vollständigkeit markiert. Auf der einen Seite dieser Linie haben wir Binnengewässer, die der Fantasie des Autors entspringen, und auf der anderen Seite, die daraus gespeist werden, das offene Meer halbbewussten Denkens mit seinen launischen Winden und Gezeitenströmungen.

Wenn es einem Schriftsteller gelingt, unsere Sympathien zu gewinnen, wird der Fluss seiner Gedanken den nötigen Anstoß geben, uns über diese Grenze hinauszutragen; Aber hier hört sein direkter Einfluss auf, denn der Strom seiner Fantasien verschmilzt mit dem Ozean der Erinnerungen, Hoffnungen und Erfahrungen eines jeden unserer Leben, und nachdem jeder einen Impuls erhalten hat, der seiner Empfänglichkeit und seinen Geistesgewohnheiten entspricht, segelt er auf seinem Weg davon Kurs angetrieben durch uneingeschränkte Fantasie.

MUSIKALISCHE INTELLIGENZ.

Eine Symphonie ist wie ein episches Gedicht; seine hervorstechenden Punkte und nicht sein abgerundetes Ganzes, das den durchschnittlichen Leser oder Zuhörer anspricht. Die auffälligen Episoden unbekannter Kompositionen in großer Form neigen dazu, übermäßig in den Vordergrund zu treten und uns so für ihre wahre Bedeutung als Phasen einer sequentiellen Entwicklung blind zu machen. Der nachhaltige Einsatz und die Erfahrung, die eine Symphonie erfordert, sind die höchsten Prüfungen eines Komponisten. Wir haben daher kein Recht auf eine Meinung über die Vorzüge oder Nachteile eines großen ernsthaften Werkes, bis Studium und Anhörung nach unserem Verständnis seine Episoden verbunden und ihnen eine wichtige Kontinuität verliehen haben.

Beethoven, Schubert, Schumann und Wagner waren mit großem Talent ausgestattet, dessen unermüdliche Energie sie zu Genies machte. Sie arbeiteten auf einer Ebene, die weit über der anderer Menschen lag. Wir können nicht hoffen, zu fühlen, was sie beim Schaffen fühlten, aber wir können arbeiten und dabei wissen, dass unser Verstand uns dabei hilft, ihre Vorstellungen besser zu verstehen, wenn wir uns ihrem Wissens- und Erfahrungsniveau annähern. Ihre Freuden, ihre Sorgen, ihre Triumphe, jedes ihrer Gefühle sollten in unseren Herzen Anklang finden; aber der Eindruck, den die Musik macht, kann erst deutlich werden, wenn wir uns akustisch empfänglich gemacht haben , wenn unsere Natur sich wie Äolsharfen darauf eingestellt hat, auf Melodiewellen zu reagieren.

Unser Geist kann ein Resonanzboden sein, der die Klangbilder, die wir hören, aufnimmt und auf unsere Seele reflektiert. Eine Holzoberfläche muss glatt, richtig geformt und perfekt ausbalanciert sein, sonst kann sie Klangeffekte nicht aufnehmen, fokussieren und reflektieren . In gleicher Weise müssen unsere mentalen Resonanzböden richtig vorbereitet sein, sonst können sie keine Einzelheiten aufnehmen und Gefühle nicht reflektieren. Diese Vorbereitung erfordert den Einsatz aller verfügbaren Mittel zur Formung, Verfeinerung und Ausbalancierung. Das ernsthafte

Studium eines beliebigen Wissensgebiets erweitert die Wahrnehmung, und die Betrachtung des Schönen in Natur und Kunst schärft sie.

Pedanterie – ein anderer Name für selbstgefällige Ignoranz – verzerrt und verzerrt unseren Reflektor, sodass seine Wirksamkeit beeinträchtigt wird und er sowohl dem Subjekt als auch uns gegenüber ungerecht wird.

Das Ohr sollte in der Lage sein, korrekt und möglichst detailliert zu übertragen. Manche Menschen verfügen über absolutes Gehör. Diese Glücklichen können, wenn sie auf sorgfältiges Zuhören beharren, in der Lage sein, einer komplizierten Komposition in ihren Modulationen, thematischen Entwicklungen usw. leichter und genauer durch Zuhören zu folgen als durch das Lesen der gedruckten Seite. Diese Fähigkeit stellt einen großen Schritt in Richtung Sympathie für den Komponisten dar, zumal ihre Ausübung eine ungeteilte Aufmerksamkeit für das jeweilige Thema erfordert.

Das Fehlen des absoluten Gehörs ist kein Zeichen mangelnden Talents, und wer es nicht erwerben kann, hat keinen Grund, entmutigt zu sein. Jeder normal begabte Schüler kann sein Gehör so schulen, dass er Intervalle (Sekunden, Terzen usw.) und die Tendenz von Akkorden erkennt, und zwar auf der Grundlage der Beziehungen zwischen den Tönen, aus denen sie bestehen – zueinander und zur Tonart.

Wir sollten uns bemühen, gute Medien zu werden. Raffinierte Schöpfungen können rohe Naturen nicht ansprechen. Der Wilde, obwohl er manchmal poetische Instinkte besitzt, zieht seine eigene Musik mit ihrer monotonen Seltsamkeit der vor, die zivilisiertere Gemeinschaften bieten können . Unser Recht, über die Schöpfungen anderer zu urteilen, wird daher weitgehend von der Distanz abhängen, die wir im Verlauf der Evolution vom Wilden haben.

DAS ENDE

9 789359 942667

Printed at Repro India Ltd.